VENÇA O MEDO DE FALAR EM PÚBLICO

VENÇA O MEDO DE FALAR EM PÚBLICO

editora saraiva conecta

[conteúdo digital]

Este livro vai muito além destas páginas. Com a tecnologia **Saraiva Conecta**, sua leitura ficará muito mais completa.

1. Entre na Google Play ou AppStore e procure por "QR Code". Baixe o aplicativo de leitor de QR Code de sua preferência.
2. Inicie o aplicativo e aponte a câmera do seu dispositivo para o QR Code abaixo. Aguarde o carregamento.
3. Insira seus dados de acesso ou cadastre-se na plataforma.
4. Agora é só aproveitar o conteúdo digital que preparamos para você: um áudio com uma aula do professor Reinaldo Polito. Se preferir, você também pode acessá-lo por meio do link: http://somos.in/VMFP9

   Qualquer dúvida, entre em contato pelo e-mail: suportedigital@saraivaconecta.com.br

Reinaldo Polito

VENÇA O MEDO DE FALAR EM PÚBLICO

9ª EDIÇÃO
REVISTA, AMPLIADA E ATUALIZADA

Benvirá

Preparação de texto Kandy Sgarbi Saraiva
Revisão Maurício Katayama
Diagramação Bianca Galante
Capa Caio Cardoso
Ilustração de capa Thinkstock/Lightcom
Ilustrações Luigi Rocco
Locução do áudio Marlene Theodoro
Impressão e acabamento Gráfica Paym

Dados Internacionais de Catalogação na Publicação (CIP)
Angélica Ilacqua CRB-8/7057

Polito, Reinaldo
Vença o medo de falar em público / Reinaldo Polito.
9. ed. -- São Paulo : Benvirá, 2018.
152 . p. : il.

Bibliografia
ISBN 978-85-5717-257-9

1. Falar em público 2. Oratória I. Título.

18-0905 CDD-808.51
CDU-808.51

Índices para catálogo sistemático:
1. Arte de falar em público : Retórica
2. Falar em público : Retórica

9ª edição, julho de 2018 | 4ª tiragem, junho de 2023

Av. Paulista, 901 – 4º andar
Bela Vista – São Paulo – SP – CEP: 01311-100
SAC: sac.sets@saraivaeducacao.com.br

CÓDIGO DA OBRA 7373 CL 670587 CAE 629635

Dedico esta obra a minha mãe, Lúcia.

AGRADECIMENTOS

À minha mulher, Marlene Theodoro, que desde a primeira edição leu incansavelmente cada página e, com sua sensibilidade, visão e conhecimento, sugeriu modificações sempre oportunas e enriquecedoras. Suas pesquisas, principalmente traduzindo obras em inglês e francês, permitiram incluir neste livro o que existe de mais avançado na comunicação em todo o mundo.

À minha filha Rachel Polito, que foi buscar as mais recentes pesquisas sobre o medo de falar em público, permitindo que fossem incluídos neste livro os estudos mais importantes sobre este tema.

Ao Professor Oswaldo Melantonio, em quem se inspirou minha atividade profissional.

Ao Professor Jairo Del Santo Jorge, pela colaboração com que sempre contei para aplicar meus estudos e pesquisas em sala de aula.

À Dra. Mellysande Pontes Faccin, pela importante contribuição nas questões científicas que envolvem o medo de falar em público.

SUMÁRIO

PREFÁCIO

É com grande orgulho que aceitei o convite do Prof. Reinaldo Polito para escrever o prefácio deste livro, que nos ensina os caminhos de como perder o medo de falar em público. É uma oportunidade para afirmar a admiração que tenho por ele e pelo seu trabalho.

O verdadeiro mestre é sempre pessoa portadora de grande compreensão, tolerância e visão ampla das questões relacionadas com sua disciplina. É pessoa de bom senso, condição psíquica que nos permite distinguir o que é relevante do que é supérfluo. É o que nos coloca em condições de interagir construtivamente com o nosso interlocutor. É o que nos permite desempenhar um papel não crítico e, por isso mesmo, gerador de desinibição e avanço no modo de ser do outro. E quem conhece o Professor Polito sabe que ele desempenha esse papel com perfeição.

Essa atitude nada crítica e até mesmo positiva e estimuladora é fundamental para que as pessoas consigam avançar na direção daquilo que lhes provoca o medo. Mas não é só isso. É preciso conhecer e compreender bem os mecanismos dessa emoção. O medo é a contrapartida psíquica da reação fisiológica que todos temos diante das situações de perigo. As alterações físicas – palpitação, sudorese, respiração ofegante etc. – têm por objetivo nos preparar para a luta ou para a fuga. Nos animais, o medo é parte do instinto de autoconservação, pois essa resposta surge em situações em que ela é verdadeiramente necessária para a preservação da vida.

Na nossa espécie, em virtude do enorme desenvolvimento da inteligência e da razão, as coisas se complicam muito. Podemos desenvolver a reação do medo em situações que não envolvem perigos reais. A isso chamamos de fobia. É raro uma pessoa que não tenha nenhum tipo de fobia, que não tenha medo de barata, de altura, de lugar fechado e escuro, de avião ou de algum animal ou situação que, de fato, não envolve risco real.

Na espécie humana existe ainda um outro fenômeno que complica mais um pouco a situação. É a vergonha, dolorosa sensação de humilhação que podemos sentir quando somos objeto de ironias e deboches por parte de pessoas que estão à nossa volta. Temos medo das situações em que possamos passar vergonha. Para algumas pessoas esse tipo de dor psíquica é mais ameaçador do que qualquer tipo de dor física, de modo que elas passam a evitar, a qualquer custo, essa possibilidade. É nessa categoria que se enquadra, como regra, o medo de falar em público. Ao nos expormos, corremos o risco de não agradar, de provocar ironia e risos por parte dos que nos ouvem. Morremos de medo da rejeição e da crítica, de modo que passamos a evitar essa condição de qualquer maneira.

Para que medos irracionais se estabeleçam, não é preciso muito. Basta que tenhamos estado submetidos a alguma experiência desagradável relacionada com aquela dada situação. Agora, para que possamos nos livrar de um medo que já se estabeleceu, é necessário percorrer um longo caminho, às vezes doloroso e sofrido. O certo é que precisamos percorrer um caminho real. E este é um dos grandes méritos do livro – e do trabalho cotidiano – do Prof. Reinaldo Polito: trata-se de uma reflexão que nasce da prática, deriva de fatos reais, da experiência vivida, das coisas como elas são.

O livro que você vai ler sugere rotas, passos a seguir. Minha experiência psicoterápica com vários tipos de fobias e medos irracionais de todo tipo é categórica no sentido de nos informar que a simples discussão acerca das causas do medo não tem eficácia terapêutica nenhuma. Para que uma pessoa perca o medo de andar de avião, é necessário que ela entre no avião e que ele decole com a pessoa dentro. Todo o trabalho psicológico preliminar tem de ter como objetivo criar as condições para que esse evento aconteça o mais rápido possível. Para perder o medo de falar em público, o processo é igual. E ninguém melhor do que o Prof. Polito para nos ensinar as etapas a serem ultrapassadas. A leitura deste delicioso texto será, tenho certeza, de enorme valia para quem a ele se dedicar.

Flávio Gikovate
Flávio Gikovate notabilizou-se como psicoterapeuta, escritor e conferencista, além de ter sido colaborador de importantes revistas, jornais e de muitos programas de rádio e televisão.

POUCO MAIS DE DUAS PALAVRAS

Esta 9ª edição de *Vença o medo de falar em público* foi reformulada com base nas novas pesquisas sobre esse que é um dos temas mais fascinantes da comunicação, tornando o livro ainda mais relevante e atual para o público-leitor.

A partir de estudos mais recentes e da observação do desempenho de nossos alunos do Curso de Expressão Verbal ao longo de décadas, foi possível trazer para estas páginas a orientação direta e objetiva para todos que desejam falar em público com desembaraço e confiança.

Aqui, procurei me valer da mesma linguagem que uso em sala de aula para ensinar os milhares de executivos, políticos e profissionais liberais que nos procuram para se sentirem mais confiantes diante das plateias.

Você observará que, desde o princípio até as últimas páginas, desenvolvi conceitos lançando mão de exemplos pessoais e histórias ilustrativas com a finalidade de tornar o texto mais interessante para facilitar o seu aprendizado. Pensei nas necessidades daqueles que vêm até nós buscando ajuda para vencer o medo de falar em público, e ao escrever cada um destes capítulos me vali dessa experiência para imaginar e antecipar suas dúvidas e questionamentos. Dessa forma, procurei orientá-lo a partir das suas possíveis dificuldades e responder às perguntas que você provavelmente gostaria de formular.

Neste livro você aprenderá também técnicas relevantes da oratória, pois seria praticamente impossível aprender como combater o medo de falar em público – finalidade primordial deste estudo – sem saber dominar os aspectos mais importantes da comunicação verbal. Se desejar se aprofundar ainda mais nessa matéria, leia outras obras que escrevi, por exemplo: *Assim é que se fala – como organizar e transmitir ideias*, *Como falar corretamente e sem inibições* e *Como falar de improviso e outras técnicas de apresentação*. Mesmo tratando das técnicas de comunicação, com o objetivo de demonstrar como o conhecimento de cada uma delas irá lhe proporcionar mais confiança e segurança para falar em público, nos próximos capítulos você conhecerá especialmente o mecanismo do medo, as causas do medo de falar em público e os recursos de que dispõe para combater cada uma delas. No final você terá testes, exercícios de fixação, exercícios de avaliação e uma proposta de trabalho, que serão muito úteis para rever os principais pontos apresentados em cada um dos capítulos, avaliar seu aprendizado e mostrar como os conceitos podem ser aplicados no dia a dia.

Imagino que você tenha iniciado a leitura deste livro com a esperança de encontrar orientações que o ajudem a vencer o medo de falar em público e fazer apresentações de maneira segura e desembaraçada. O resultado do nosso curso e a experiência dos leitores das primeiras edições desta obra me deixam confortável para afirmar que, independentemente da dificuldade que sinta hoje para enfrentar uma plateia, quando você concluir o último capítulo e puser em prática as recomendações sugeridas ao longo das próximas páginas, seu desempenho será muito mais eficiente e você se sentirá mais confiante e seguro quando tiver de falar em público.

Não se preocupe com o nervosismo ou até com o pânico que sentiu nas apresentações que já realizou, pois você tem agora uma excelente oportunidade de se transformar em um comunicador diferente, mais tranquilo e que passará a sentir prazer em falar diante das plateias. Estou torcendo por você.

QUEM TEM MEDO DE FALAR EM PÚBLICO?

O medo de falar em público é considerado um dos maiores medos do ser humano. Algumas pesquisas chegam a classificá-lo como o maior de todos, como a realizada, e tão amplamente divulgada, pela R. H. Bruskin Associates, publicada no *Sunday Times*, de Londres. Como curiosidade, observe os tipos de medo classificados entre os primeiros nesse estudo:

1º	Medo de falar em público
2º	Medo de altura
3º	Medo de insetos Medo de problemas financeiros Medo de doenças Medo de águas profundas
4º	Medo da morte

Outras pesquisas mais recentes, embora apresentem resultados diversos, também apontam sempre o medo de falar em público como um dos maiores medos de homens e mulheres.

Portanto, se você tem medo de falar em público, saiba que está muito bem acompanhado e que esse não é um "privilégio" seu, pois, conforme vimos, a maioria sofre por causa do mesmo motivo.

Durante mais de 40 anos ensinando as pessoas a se expressar verbalmente, pude constatar que a maioria dos nossos alunos, dentre todos os motivos revelados, sempre procurou o nosso curso principalmente para combater o medo de falar em público. E, para que você possa se tranquilizar, já informo que nunca encontrei um caso sem solução, pois todas as pessoas determinadas e dispostas a enfrentar o problema conseguiram controlar o medo e fazer suas apresentações com segurança. Alguns desses alunos me procuraram com um medo tão acentuado que, nas primeiras apresentações, mal podiam dizer o próprio nome, mas, depois de algumas aulas seguindo as mesmas recomendações que você encontrará neste livro, conseguiram se apresentar diante do público falando com desenvoltura e muito mais confiança. Tenho um exemplo gravado que foi muito curioso: uma aluna, ao se apresentar pela primeira vez, ficou tão nervosa que disse ser engenheira, mas logo em seguida se desculpou dizendo que havia se enganado, pois na verdade era química. Veja que, para alguém esquecer qual é sua própria profissão, provavelmente está tomada de tal forma pelo nervosismo que chega a ficar fora de si. Pois bem, até essa aluna, apesar de todo o nervosismo inicial, depois de algumas semanas de treinamento, passou a fazer apresentações seguras e de boa qualidade.

A anedota a seguir já foi creditada a tantas pessoas que só posso dizer que não é de minha autoria. Dizem que "o cérebro humano é algo maravilhoso, que começa a funcionar no instante em que nascemos e só para quando precisamos falar diante do público".

O medo de falar em público é um desconforto irritante

Um dos escritores mais talentosos do mundo, que consegue transformar praticamente todos os seus livros em best-sellers mundiais, é John Grisham. Em uma de suas obras, *Nas arquibancadas*, ele descreve com excepcional habilidade o nervosismo que se apoderou do personagem principal, Neely Greenshaw, quando precisou dizer algumas palavras para se despedir de seu antigo técnico de futebol, nas homenagens que foram feitas quando ele morreu. O autor comenta o pânico que se abateu sobre o orador, sua vontade de desistir, como enfrentou os primeiros instantes diante da plateia e o esforço que empreendeu para superar aquele momento tão difícil:

> *Neely disse que nunca tinha feito isso, nunca tinha falado na frente de um grupo grande ou mesmo pequeno de pessoas, e que, além disso, estava pensando em fugir no meio da noite para evitar tudo aquilo.*
>
> *(...) ele subiu na pequena plataforma e foi até o pódio. Contemplou a multidão, todos olhando para ele lá de cima, e quase desmaiou.*
>
> *(...) Sem se esforçar para dominá-lo, Neely sucumbiu completamente ao medo. Durante toda a manhã sentira-se nervoso e temeroso, agora estava apavorado. Lentamente desdobrou o papel e tentou ler o que tinha escrito e reescrito muitas vezes. "Ignore o povo", disse para si mesmo. "Você não pode se embaraçar".*
>
> *– Sou Neely Greenshaw – ele conseguiu dizer com voz mais ou menos firme. Encontrou um ponto da cerca de metal ao longo da pista, bem na sua frente, acima das cabeças dos jogadores e abaixo da primeira fileira de arquibancadas. Dirigia a palavra àquela parte da cerca, ignorando todo o resto. Ouvindo a própria voz nos alto-falantes, ficou um pouco mais calmo.*
>
> *(...) Consultou as notas outra vez e lembrou de uma palestra de Rake. O medo é inevitável, e nem sempre é uma coisa ruim. Domine seu medo e tire vantagem dele.*

(...) Olhando para a cerca outra vez, Neely deu de ombros, tentou sorrir e disse:

– Escutem, não sou juiz, não sou ministro religioso e não estou acostumado a falar em público. Por favor, sejam pacientes comigo.

A multidão, que o adorava, lhe permitiria qualquer coisa.

Olhando para as notas, começou a ler...[1]

Nesse trecho do texto de John Grisham é possível observar vários aspectos que serão tratados neste livro: a tentação de fugir e de se afastar daquela incumbência desconfortável; a maneira como o personagem se dirigiu ao pódio e o desespero que sentiu ao olhar para o público; a forma hesitante como pronunciou as primeiras palavras até ouvir o som de sua voz pelos alto-falantes; como pensou no conselho do velho técnico, que o orientara em uma palestra a usar o medo a seu favor; a estratégia de procurar no início um ponto fixo sobre a cerca, até que se sentisse mais à vontade; o apoio das anotações, enfim, situações e recursos que iremos estudar detalhadamente nas próximas páginas.

Não pense, entretanto, que esses fatos que acabamos de observar no livro de John Grisham sejam apenas fruto da imaginação do autor para romancear sua história. No dia a dia as situações são bastante semelhantes.

Ouço com frequência pessoas se dizendo inconformadas por sentir medo de falar em público. Ficam indignadas por terem se preparado intelectualmente, crescido na hierarquia profissional, adquirido status, conquistado poder, mas, na hora de falar, se sentem fragilizadas, intimidadas e desconfortáveis diante da plateia. "Essa situação ridícula não combina comigo, Polito", reclamam, quase revoltadas. E complementam

[1] GRISHAM, John. *Nas arquibancadas.* Tradução de Aulyde Soares Rodrigues. Rio de Janeiro: Rocco, 2004, p. 177-178.

explicando: “Diante do público sinto como se fosse o último dos seres humanos, não aquele que lutou a vida inteira para crescer e conquistar um espaço profissional admirável”.

O medo de falar em público é um sentimento tão avassalador e atinge as pessoas de forma tão profunda que chega a impedir que sua competência comunicativa seja explorada em plenitude. Os pensamentos ficam bloqueados, a criatividade, tolhida, a presença de espírito, limitada e a fluência verbal, inibida. Por isso o indivíduo, sabendo que sua imagem pode ser prejudicada pela demonstração de que foi envolvido pelo medo, esquiva-se das oportunidades que tem para falar em público e sofre por ter consciência de que, assim, deixa de aproveitar boas oportunidades de se valorizar e de se projetar nas diversas atividades que desenvolve. Ainda no momento de desabafo, esses alunos, em sua maioria executivos de grandes organizações, contam que nas reuniões da empresa, embora possuam conhecimento e competência para impressionar seus pares, superiores hierárquicos e subordinados, não tomam a iniciativa de falar e permitem que outros se antecipem, usem a palavra e ocupem espaços que poderiam ser deles. Entristecidos, confessam que saem desses encontros frustrados por terem deixado escapar preciosas oportunidades que no futuro poderão até fazer falta na concretização de suas aspirações profissionais.

Dispostos a recuperar o tempo perdido, estufam o peito e decidem enfrentar o problema, superar o medo de falar em público e passar a usar a comunicação como um recurso positivo, que os ajude a demonstrar com eficiência todo o conhecimento, preparo e experiência que acumularam ao longo da vida.

Quando indago por que demoraram tanto para procurar ajuda e afastar esse desconforto de suas vidas, alguns respondem que se sentiam impotentes, imaginando que seria impossível um dia conseguir falar com segurança diante de outras pessoas; outros pensavam que, com o tempo, ao subirem na hierarquia profissional, o problema desapareceria sozinho. Em todos os casos, depois de algumas poucas horas de treinamento, aliviados e felizes, dizem estar arrependidos por não terem enfrentado o problema antes e se livrado mais cedo desse medo indesejável.

Certa vez recebi um telefonema da produção de um renomado programa da Rede Globo de televisão. Pediram-me que participasse de uma entrevista acompanhado de um ex-aluno que tivesse tido muito medo de falar em público e que desse um depoimento, mostrando na prática como conseguia agora falar com segurança. Apesar da resistência que as pessoas têm para falar sobre esse tema, conforme você verá mais à frente, nessa oportunidade até que foi fácil encontrar um ex-aluno que se dispusesse a dar um depoimento sobre a dificuldade que sentia para falar em público e de como hoje podia se apresentar de maneira confiante diante das pessoas. Como executivo de uma grande empresa e tendo a oportunidade de praticar bastante o que aprendera no curso, sua participação no programa foi excelente: falou com naturalidade, respondeu às perguntas com desenvoltura e presença de espírito, sempre muito bem-humorado. Foi um exemplo perfeito de como uma pessoa que tinha receio de falar em público conseguiu superar suas dificuldades a ponto de ser entrevistada em um programa de grande audiência, sem constrangimentos.

Quando entraram em contato comigo, os produtores do programa me pediram, entretanto, que levasse também, para falar do seu problema de comunicação, uma outra pessoa que fosse bastante tímida. Eu disse que me sentia incompetente para realizar aquela tarefa, pois não imaginava como persuadir alguém que tivesse muito medo de falar em público a ir diante das câmeras de um programa da TV Globo para dar um depoimento. Não sei como eles agiram, mas o certo é que conseguiram levar um jovem com pouco mais de 20 anos com as características de que precisavam. Era um descendente de orientais que falava todo gaguejante, sem olhar para as pessoas. Para agravar ainda mais sua situação, usava o cabelo com uma franja que caía sobre a testa, escondendo um dos olhos. Como sofreu aquele garoto! Apenas balbuciava as palavras, falando para dentro, sem concluir as frases que iniciava. No final dos 30 minutos em que permanecemos no programa, a apresentadora agradeceu nossa presença, elogiou o executivo pelo seu desempenho e desejou que o jovem nissei um dia pudesse superar seus problemas de comunicação. Nesse momento resolvi me impor um desafio e disse ao jovem que meu curso estava iniciando uma nova turma naquela semana e que ele era meu convidado para participar gratuitamente. Garanti que depois do curso ele se transformaria em uma nova pessoa, comunicativa e muito mais feliz. Sugeri ainda à apresentadora que guardasse a gravação daquele programa e que depois de três meses levasse o garoto de volta para fazer uma comparação. Sem pestanejar ela respondeu que aceitava a ideia e que o convidaria a retornar. Mesmo com toda minha experiência, confesso que senti um certo temor, pois poderia comprometer minha reputação se algo desse errado. Afinal, nunca tinha visto ninguém com tanta dificuldade para falar. Três meses depois o treinamento do jovem havia sido completado e ele voltou ao programa para gravar sua nova participação. Para que você tenha noção do resultado, basta dizer que o título do programa foi "Daniel, o falante". Foi muito gratificante vê-lo naquele programa falando com alegria e muita eficiência. Nem preciso dizer a quantidade de alunos que recebi por causa do programa, principalmente descendentes de orientais.

Os exemplos são incontáveis

Outra experiência marcante, também relacionada com a Rede Globo e com o medo de falar em público, foi um quadro especial em quatro episódios no programa *Fantástico*. O "milagre" foi acompanhado com enorme interesse por cerca de 30 milhões de pessoas, aos domingos, quando as apresentações foram ao ar.

A produção do programa me havia feito uma proposta desafiadora: que eu treinasse durante quatro meses três pessoas que tinham medo de falar em público. A Globo faria o acompanhamento, gravando todos os detalhes do treinamento para mostrar a evolução de cada um. Aceitei sem hesitar. Selecionaram os candidatos e iniciamos as atividades.

No primeiro episódio, cada um teve de falar diante de 150 pessoas por cinco minutos sobre um tema que escolheram.

Luzia, a primeira candidata convidada, ao ficar diante da plateia chorou muito. Estava tão desestabilizada que não conseguiu completar o tempo determinado. Wilson, o segundo a se apresentar, estava tão nervoso que começou a gaguejar. Em cerca de três minutos usou 43 "nés" no final das frases. João Henrique, o último a falar, também tomado pelo nervosismo, apertava as mãos de forma descontrolada e encharcou a camisa com seu suor.

Essa era a situação – três pessoas que não demonstravam nenhuma habilidade para falar em público e praticamente dominadas pelo pânico. Em tom de brincadeira, eu disse à produtora do programa: combinamos de vocês me mandarem três pessoas com medo de falar em público, mas não precisavam caprichar tanto assim!

O episódio foi ao ar e, pelo desempenho inicial dos três, os telespectadores imaginavam que não conseguiriam superar suas dificuldades. A maioria daqueles que assistiam ao programa se colocava no lugar de cada um deles, sentindo o mesmo pavor de ter de enfrentar uma plateia numerosa. A busca daqueles três que resolveram enfrentar seus medos emocionou o país. Todos os domingos, famílias inteiras se colocavam ansiosas diante da telinha torcendo pelo sucesso deles.

Com o treinamento a que se submeteram, foram se desinibindo e aprimorando a capacidade de se expressar em público. Depois de cada aula, eles se submetiam a um desafio que exigia coragem e determinação. Por exemplo, foram ao Centro Velho de São Paulo, montaram uma banca com produtos com pouca utilidade, com a obrigação de esgotar o estoque em apenas 30 minutos. Precisavam abordar as pessoas que passavam apressadas na rua e tentar convencê-las a comprar os produtos. Para surpresa de todos, venderam tudo. Em outro desafio, foram ao programa do Luciano Huck e, diante de 450 pessoas, tiveram que mostrar a qualidade de produtos que não serviam para nada: fósforo queimado, toco de lápis sem ponta e bagaço de cana. No final, o apresentador disse incrédulo: ué, me disseram que viriam para cá pessoas com muito medo de falar em público, mas o que eu vi aqui foi uma verdadeira aula de comunicação. E foi mesmo um espetáculo indescritível.

E assim os episódios foram se sucedendo, até que na última prova cada um teve de fazer a abertura de um show dos mais importantes cantores do país. E diante de milhares de pessoas falaram com alegria, desembaraço, competência e muita segurança.

A vitória dessas bravas pessoas foi um exemplo excepcional de que todos aqueles que desejarem vencer o medo e aprender a falar em público poderão realizar esse sonho, desde que sejam aplicados, disciplinados e determinados.

Outra história fascinante sobre o medo de falar em público foi protagonizada por Mahatma Gandhi. Ele era um jovem advogado e estava apavorado. Recém-formado, sem nenhuma experiência profissional e com pavor de falar em público, ele se viu prestes a encarar sua primeira audiência e precisava encontrar com urgência uma maneira de se tranquilizar. Como solução para o problema, resolveu redigir todo o texto que pretendia apresentar. Imaginou que assim, sem ter de se expressar de improviso, com o discurso todo preparado e o papel nas mãos, ficaria mais tranquilo para ler a peça de defesa. O resultado, entretanto, não foi bem o que havia planejado. Diante da plateia, continuou nervoso e tremeu tanto que não conseguiu visualizar as palavras que estavam à sua frente.

Como sabemos, Gandhi, esse advogado tímido, que alimentava pavor incontrolado de falar em público, se tornou um dos maiores líderes mundiais de todos os tempos. Como curiosidade, vale esclarecer que Mahatma foi um título acrescentado ao seu nome, que em sânscrito significa "grande alma".

Sua carreira como advogado não foi bem-sucedida. O medo de falar em público, todavia, não o impediu de aceitar um convite para defender uma empresa indiana na África do Sul. Os dois países tinham uma condição comum: eram colônias do Império Britânico. Embora Gandhi tivesse feito o curso de direito na Inglaterra, se vestisse e agisse como os ingleses, descobriu que o preconceito continuava. Por causa da cor escura da sua pele era tratado, isto é, maltratado, como todos os colonizados. Só havia uma saída: combater a opressão. Por isso, depois de concluída sua tarefa, resolveu permanecer naquele país lutando para melhorar as condições de vida daquela gente sofrida. Eram pessoas desalentadas, que trabalhavam no campo, sem nenhuma perspectiva de mudança. Foi o início de uma batalha que continuaria até o último dia da sua vida.

Já na Índia, por mais que tenha se esforçado, percorrendo o país de ponta a ponta, não conseguiu barrar a promulgação de uma lei que impedia os indianos pobres de votar. Graças a essa sua atuação, entretanto, seu nome passou a ser conhecido e projetado em vários países da Europa. Viveu na África do Sul por cerca de duas décadas, combatendo as injustiças e se preparando para retornar à Índia, onde conquistou o maior feito da sua existência: libertar o país do jugo inglês. Obteve todas as vitórias sem nunca ter usado nenhuma arma. Para defender suas causas usou apenas a palavra, o silêncio, as orações e a resistência pacífica contra as leis que julgava injustas.

Gandhi é um exemplo extraordinário de alguém que, para liderar um povo e se tornar uma das mais expressivas lideranças mundiais de todos os tempos, só se valeu da palavra, ou seja, aprendeu a se expressar e superou o medo que tanto o atrapalhou no início da sua carreira como advogado.

Algumas pessoas famosas, todavia, sofreram com o medo de falar em público, mas não enfrentaram o problema da melhor forma.

O russo Leon Tolstoi foi um desses exemplos. Embora tenha sido um dos maiores nomes da literatura de todos os tempos, sofreu muito com o medo de enfrentar plateias. Em uma das passagens da obra *Guerra e paz*, o escritor descreve uma cena interessante: conta como a personagem Pierre Bezúkhov, depois de ter falado para os maçons e ter sido malsucedido, enfrenta períodos de frustração e depressão. Aylmer Maude, responsável pela tradução do livro para o português, revela em nota explicativa que o incidente se refere à dificuldade que o próprio Tolstoi sentia para falar em público. Comenta que, nas poucas vezes em que ele se atreveu a proferir discursos em público, se sentiu muito desconfortável e não obteve bons resultados.

A história de pessoas importantes que foram atacadas pelo medo de falar em público vem de longe. Isócrates viveu entre 436 a.C. e 338 a.C. Foi discípulo de Górgias e um dos mais destacados retores da Grécia antiga. Teve o mérito de ampliar o estudo da oratória, acrescentando à retórica boa parte da filosofia que aprendeu também como discípulo de Sócrates.

O fato curioso é que Isócrates, ainda que tenha sido um dos mais profundos estudiosos da retórica, chegando mesmo a implantar essa disciplina no currículo escolar ateniense, nunca proferiu um só discurso. Apenas estudou sua técnica e os escreveu. Fugia da tribuna por causa da voz defeituosa para a oratória e do pavor incontrolado de falar em público.

Portanto, se você sente medo de falar em público, saiba que está muito bem acompanhado. E, por esses casos citados, é possível deduzir que aqueles que se dedicam a superar suas inseguranças conseguem se sair vitoriosos, enquanto que, ao contrário, quem foge, se esconde e não ousa combater as dificuldades é derrotado antes mesmo de tentar.

Espero que, depois de ler este livro, você supere todas as suas dificuldades. E que complete a última página ansioso para pôr em prática tudo o que tiver aprendido.

Pense nos benefícios de combater o medo e seja determinado

Minha intenção neste momento é mostrar que o medo de falar em público pode ser combatido e controlado. É evidente também que, relatando os exemplos de pessoas que superaram o medo, meu objetivo é encorajá-lo ainda mais para abraçar este projeto com confiança redobrada. Entretanto, com a mesma franqueza, logo de início vamos acertar alguns pontos que considero fundamentais para o seu sucesso nesta empreitada: seja obstinado e abrace esta causa com determinação. Você deverá estar disposto a passar por uma transformação, precisará adquirir novos hábitos e outra disposição para a vida — e não é nenhum exagero mencionar "disposição para a vida", porque, ao superar o medo de falar em público, provavelmente você se sentirá tão bem em vencer um obstáculo que tanto o incomodava que se animará a combater outros problemas que foram deixados "embaixo do tapete", mas que ainda constituem barreiras para que tenha uma existência plena e muito mais feliz. E que fique bem claro também que este livro não é mais um manual de autoajuda com receitas motivacionais. Minha finalidade é apenas orientar você sobre como se comportar para combater o medo de falar em público. Assim, garanto que será capaz de controlar o medo e de se apresentar falando de maneira competente diante de qualquer tipo de plateia, desde que se proponha a agir com disposição e disciplina.

Neste momento você deve estar pensando que essa crença é muito fácil e bonita no papel, mas que na hora de enfrentar o público tudo será como sempre foi, o medo tomando conta de sua apresentação e impedindo que fale diante das pessoas com desenvoltura e confiança. Como essa atitude só irá atrapalhar e poderá até impedir que o medo de falar em público seja controlado, por enquanto peço que afaste um pouco esse ceticismo infundado e que se aplique para acatar minhas orientações, porque elas tiveram sua eficácia comprovada durante décadas em milhares de casos, e muitos deles, com certeza, semelhantes ao seu. Se você se concentrar nesta tarefa de espírito aberto e acreditando que o medo de falar será superado, já terá vencido boa parte do desafio.

Considere também que é comum oradores renomados, que vivem encantando as plateias, se referirem ao nervosismo que sentiam na época em que fizeram suas primeiras apresentações. Hoje, diante de suas falas eloquentes, é difícil acreditar que um dia não se sentiram à vontade para fazer apresentações, e o espanto talvez seja ainda maior quando alguns, que são até invejados pela tranquilidade e segurança que demonstram, confessam que, ao se apresentarem, ainda são roçados pelo medo e experimentam a presença sutil do nervosismo. Como a maioria das pessoas imagina que só elas e mais alguns poucos desafortunados sentem medo de falar, se espanta e tem dificuldade para acreditar que essas informações sejam verdadeiras. Posso garantir que esses oradores estão sendo sinceros: apenas aprenderam, como você também poderá aprender, a conhecer o medo e a lidar com ele; transformaram-no de inimigo em importante aliado em suas apresentações.

ENTENDA MELHOR O MECANISMO DO MEDO

Depois de entender melhor como funciona o mecanismo do medo, será mais simples compreender e enfrentar as causas do medo de falar em público.

Não se preocupe. Não vou ousar aqui desenvolver um tratado sobre a origem do medo ou de seus mecanismos de aprendizagem e "desaprendizagem", que incluem áreas do cérebro como a amídala cerebelar e o córtex ventral medial prefrontal, pois esses conceitos, que a cada dia são pesquisados com maior profundidade, neste momento dariam pouca contribuição ao objetivo maior deste livro, que é ajudá-lo em curto prazo a combater o medo de falar em público. Por isso, vou me limitar às informações que, de maneira prática e bastante objetiva, poderão auxiliá-lo a identificar como surge o medo, como ele se manifesta e quais são suas causas.

Como o medo se manifesta

O medo é um mecanismo de defesa que existe para nos proteger de algo que poderá nos prejudicar ou nos fazer mal.

Se analisarmos o mecanismo de defesa de nossos antepassados, dos homens primitivos, vamos constatar que eles não possuíam a eficiência que possuímos hoje. Iremos observar que houve uma evolução, um extraordinário aprimoramento na maneira como esse mecanismo se manifesta. Observe como era o seu funcionamento no princípio dos tempos e como ele evoluiu até chegar a nossos dias.

No início da história da humanidade, quando o homem se defrontava com uma situação de perigo, fugia temendo que algum mal pudesse lhe acontecer. Era um mecanismo de defesa natural e até rudimentar se compararmos com o que possuímos hoje.

Com o transcorrer do tempo, esse mecanismo natural de defesa sofreu um processo de aperfeiçoamento, e o organismo humano se adaptou para tornar a fuga mais eficiente.

Ao sentir medo de um animal perigoso, por exemplo, o organismo humano passou a liberar adrenalina, um hormônio produzido pelas glândulas suprarrenais que, introduzido na corrente sanguínea, aumenta a pressão arterial. Esse processo fez com que os músculos se preparassem para enfrentar o momento de perigo: ou combatia a ameaça ou fugia. A fuga ocorria em condições de se movimentar mais rapidamente, enquanto a adrenalina era metabolizada. Isso significa que, com a presença da adrenalina no organismo, o homem aperfeiçoou sua capacidade de enfrentar as situações de perigo ou fugir delas.

Herdamos de nossos antepassados esse mecanismo de defesa. Quando ficamos com medo, também liberamos a adrenalina na corrente sanguínea para podermos fugir mais depressa. Nesse momento, dois fatores precisam ser considerados.

Em situações de perigo, o homem primitivo fugia.

Primeiro: nosso organismo aprendeu a se defender de maneira mais eficaz, mas o mecanismo de defesa apresenta falhas de avaliação, pois não leva em conta o fato de a informação ser ou não verdadeira. Por exemplo, se você imaginar que, ao passar à noite por uma rua escura e deserta, será assaltado por uma gangue de marginais, seu organismo entenderá a informação como sendo verdadeira e acionará o mecanismo de defesa, despejando a adrenalina no organismo para protegê-lo do perigo. Você passa pela rua com o coração acelerado e não encontra um único bandido para justificar sua apreensão. Portanto, não importa se a informação é ou não verídica, só o fato de você supor que algo ruim poderá ocorrer será suficiente para que o mecanismo de defesa do medo entre em ação, preparando-o para fugir mais rapidamente da suposta situação de perigo.

Segundo: ao sentirmos medo de falar em público, embora o sistema de defesa seja exatamente o mesmo, nessa circunstância nós não fugimos, e a adrenalina não é metabolizada no mesmo tempo em que seria se os músculos estivessem se movimentando rapidamente. Esse excesso de energia provocado pela adrenalina, que não é consumido pela atividade física da fuga, provoca um descontrole generalizado no organismo, que produz de forma mais ou menos acentuada alguns destes sintomas:

- as batidas do coração aceleram e ficam descompassadas;
- as pernas começam a tremer; as mãos, a suar; a face, a empalidecer ou a enrubescer;
- a voz enrosca na garganta e sai trêmula ou hesitante;
- as palavras saem truncadas ou rápidas demais;
- as "borboletas" iniciam uma revoada no estômago;
- a boca fica seca ou com muita saliva;
- os gestos e os movimentos das pernas perdem o controle;
- um riso nervoso se instala no semblante;
- um calafrio desce pela espinha;
- as ideias brilhantes e tão lógicas, que eram claras antes da apresentação, desaparecem como por encanto diante do público.

Além disso, pode desencadear outras reações que você talvez tenha visto em outros oradores ou até experimentado em suas próprias apresentações.

Um caso bastante interessante, que mostra a influência da descarga de adrenalina no comportamento do orador, ocorreu quando a ex-presidente Dilma Rousseff disputou o cargo pela segunda vez. Logo após o debate com um de seus adversários, como sempre acontece nessas situações, foi entrevistada por uma emissora de televisão. Assim que começou a falar, se atrapalhou para pronunciar a palavra "inequívoco": "Agora, é ine...inez... Desculpa, posso continuar? Vai, vai...". Pretendia, assim, recomeçar o discurso para que tudo pudesse ser regravado. Embora, provavelmente, soubesse que estava ao vivo. Ao ser informada pela repórter de que aquilo não era uma gravação, disse: "Ah, estamos ao vivo? Então, me desculpa". Reiniciou a resposta, mas totalmente desestabilizada. Olhava para a câmera e depois furtivamente para a repórter como se quisesse pedir ajuda. Depois de mais duas ou três frases se perdeu novamente, construindo uma sequência sem muito sentido: "Garantiu às demais áreas de infraestrutura, de é, é, é... urbana". Nesse momento fez um gesto para a repórter e a afastou dizendo que não estava muito bem, querendo recomeçar mais uma vez. A entrevistadora acomodou Dilma em uma cadeira e, para tirar o foco da cena, passou a condução da apresentação para outro jornalista.

A questão curiosa é que, em situações como essa, a causa normalmente é a consequência. Nessas circunstâncias, quase sempre, não é que o orador se atrapalhou para falar porque não se sentiu bem, mas sim não se sentiu bem porque se atrapalhou para falar. Ao perder o rumo da apresentação, e sem saber como encontrar uma saída, fica com medo de comprometer a imagem diante da plateia, ou na frente das câmeras, sendo assistido por centenas de milhares de telespectadores.

Como consequência e defesa natural, como acabamos de ver, há uma grande descarga de adrenalina que prepara o organismo para a fuga daquela situação de perigo. Como Dilma não podia fugir, já que estava ao vivo diante de tantos milhares, talvez milhões, de telespectadores, ficou desestabilizada. Para preservar a imagem, ela disse que não conseguia falar porque teve uma queda de pressão.

Nesse episódio da ex-presidente, o que deve ter ocorrido é que, durante a entrevista, talvez tenha se desconcentrado. Ao invés de pensar no que teria de dizer, começou a falar tentando construir o raciocínio com as palavras que ia pronunciando. Quem age assim corre grande risco de se perder e não saber o que falar.

Todos nós estamos sujeitos a esse descontrole. Nem mesmo quem se julga orador excepcional e se sinta muito confiante pode ter certeza de que não enfrentará situações semelhantes. Temos nossas fragilidades e inseguranças. Depende do momento, do contexto, do nosso estado físico e emocional. Por isso, em determinado momento pode fugir uma palavra, um pensamento, dar branco e nos vermos paralisados e sem saída diante das pessoas. Faz parte da vida de todos nós. Para diminuir esses riscos, é preciso estar muito bem preparado. E se, por acaso, perder a sequência da fala, uma boa saída é usar esta expressão: "na verdade o que eu quero dizer é que...". Com essa frase você se obrigará a recontar a informação por outro ângulo e terá boas chances de se desvencilhar daquela armadilha emocional.

Causas do medo

Sentimos medo de algo real ou imaginário que possa nos prejudicar ou prejudicar as pessoas a que queremos bem, como amigos ou parentes. Em qualquer hipótese, a causa, sendo verídica ou apenas fruto da nossa imaginação, provocará medo, pois ela nos parecerá sempre verdadeira.

Esse dado é fundamental para o nosso estudo, pois, na quase totalidade das vezes, os problemas que julgamos ocorrer com a nossa comunicação quando estamos falando em público não passam de fantasmas criados pelos nossos pensamentos.

O maior aliado do medo é o desconhecido. Como vimos, diante de uma situação em que não sabemos ou não temos certeza do que ocorrerá, se imaginarmos a possibilidade de nos acontecer algo prejudicial, sentiremos medo. Em geral, tememos o desconhecido. Por isso, mais à frente você verá como, ao reduzir os fatores desconhecidos para se apresentar diante das plateias, estará se valendo de um poderoso recurso para combater o medo de falar em público.

Procure entender de onde surgem seus temores. Ao longo da vida, por experiência própria, dos outros ou pela nossa capacidade de comparar situações novas com outras, aprendemos a perceber o que pode nos prejudicar. Embora algo que esteja prestes a acontecer já tenha ocorrido mais de uma vez e prejudicado a nós ou a outra pessoa, ou se assemelhe a essas experiências, não significa que transcorrerá da mesma forma. Mas, como tal possibilidade existe, para a nossa mente ela será sempre real e colocará em funcionamento o mecanismo do medo.

> **A**té aqui você observou que o medo de falar em público é um dos maiores medos do homem e que é possível combatê-lo, desde que você se proponha a enfrentá-lo. Verificou também que grandes oradores que hoje encantam as plateias no início de suas carreiras sentiam medo de falar e que alguns deles ainda têm o medo como companheiro em suas apresentações. Finalmente, você viu que o mecanismo do medo foi aperfeiçoado ao longo do tempo com a presença da adrenalina e que sentimos medo de algo – especialmente do desconhecido – que possa nos prejudicar ou prejudicar as pessoas a que queremos bem.

CAUSAS DO MEDO DE FALAR EM PÚBLICO

O medo de falar em público chega a ser tão asfixiante que às vezes nos sentimos impotentes por não conseguirmos identificar sua origem e por não sabermos como agir para nos livrar dele. Ficamos envolvidos em uma espécie de torpor, torcendo e aguardando por algum tipo de milagre que nos dê tranquilidade e nos liberte dessa situação incômoda e indesejável. Nem é preciso dizer que esse milagre não vem e — o que é pior —, com o passar do tempo, em vez de nos acalmarmos, acabamos por nos pressionar e nos tornamos ainda mais intranquilos. Por isso a importância de você refletir sobre os conceitos analisados até aqui: porque, depois de compreender o mecanismo do medo e conhecer suas causas e manifestações, fica mais simples deduzir e entender a razão de você sentir medo de falar em público e qual deverá ser seu procedimento para combatê-lo de forma eficaz.

É natural que você deseje se sair bem em uma apresentação. Além de transmitir a mensagem de maneira correta e eficiente, você também quer ser admirado pelo seu desempenho diante da plateia. Uma boa apresentação pode atestar sua competência e projetar sua imagem, com boas possibilidades de favorecê-lo na carreira profissional, na vida em sociedade, enfim, de manter as portas abertas para que possa se realizar nas atividades em que vier a se envolver. Não há nada de censurável em cultivar essas aspirações e se empenhar para concretizá-las. Esse é um anseio legítimo, próprio da natureza humana. Pretender o contrário é que seria estranho e até anormal, pois nada justificaria você se dedicar a uma atividade com o fim de fracassar, especialmente à tarefa de falar em público, quando seu preparo, experiência e reputação estão sendo avaliados e julgados. Se você for malsucedido quando falar em público, esse fracasso poderá fazer com que se sinta um perdedor, deixando-o enfraquecido e, obviamente, prejudicando-o, aos olhos dos outros e aos seus próprios.

Fica claro, portanto, que, se o fato de não se sair bem em uma apresentação pode, de alguma forma, trazer prejuízo à sua imagem, a possibilidade de que isso ocorra provocará o medo.

Surgem, assim, as indagações: de onde vem o seu medo? E o medo de sentir medo? Vamos analisar as causas do seu medo e responder a essas questões.

De onde vem o seu medo?

Segundo o filósofo social inglês Anthony Giddens, "o medo é uma resposta a uma ameaça específica e, portanto, tem um objeto definido".

Embora nem sempre seja possível ter consciência do fator específico que provoca o medo, de maneira geral algumas situações podem se constituir as causas do seu aparecimento quando você fala em público. Podemos simplificar dizendo que o medo de falar em público surge por alguma falta:

- falta de conhecimento sobre o assunto;
- falta de prática ou experiência para falar em público;
- falta de autoconhecimento.

Falta de conhecimento sobre o assunto

Se você não dominar o assunto que irá expor, é fácil deduzir que, durante a apresentação, estará caminhando por um terreno desconhecido e haverá possibilidade de encontrar algum obstáculo que o atrapalhe.

Por isso, talvez você comece a imaginar a chance de encontrar algumas das seguintes dificuldades:

- esquecer ou suprimir algum dado importante;
- trocar informações indevidamente;
- não concatenar os diversos itens que compõem a estrutura do tema;
- não saber a resposta para possíveis perguntas dos ouvintes;
- duvidar da qualidade do material;
- transmitir informações já conhecidas do público;
- cair em contradição;
- não despertar o interesse da plateia;
- ser repetitivo;
- não ser eficiente na argumentação;
- não ter informações suficientes para preencher o tempo;
- ultrapassar o tempo determinado;
- confundir as folhas com anotações que servem de roteiro;
- ser precedido por outro orador que aborde o mesmo assunto.

Essas dúvidas surgem principalmente quando:

- o assunto é novo;
- é conhecido, mas não faz parte do seu campo normal de atividade;
- você não tem tempo ou condições de preparar e memorizar a ordem das diversas partes da apresentação;
- você julga que os ouvintes estejam mais preparados sobre o assunto que você.

Você não irá para a frente da plateia consciente de que esses ou outros obstáculos o estejam acompanhando, mas, mesmo inconscientemente, saberá que eles estarão presentes e os tomará como verdadeiros fantasmas prestes a comprometer sua imagem diante do público. Por causa do receio de que esse fato possa mesmo ocorrer, entra em funcionamento o mecanismo do medo, liberando adrenalina no seu organismo para que você seja protegido do possível perigo e preparado para a fuga.

A falta de conhecimento sobre o assunto, entretanto, não é o único motivo do aparecimento do medo de falar em público, pois pessoas que dominam com profundidade os temas que irão apresentar também ficam nervosas diante da plateia.

Em diversas oportunidades preparei candidatos ao título de mestre, doutor e até para a defesa de cátedra que, obviamente, conheciam todos os detalhes do trabalho que iriam apresentar diante da banca julgadora, mas que eram tomados pelo medo só de pensar que precisariam fazer aquela apresentação. Chamo a atenção para esse fato porque ouço com frequência pessoas que, por falta de informação ou de experiência, dizem que basta conhecer o assunto com profundidade para que alguém deixe de sentir medo de falar em público.

Falta de prática ou experiência para falar em público

Se você não tiver prática ou experiência no uso da palavra em público, ao se apresentar diante da plateia estará desenvolvendo uma atividade que não domina. Essa falta de domínio estará colocando você diante de uma situação desconhecida da qual não poderá ter certeza de que irá se sair bem ou da qual imagina — o que é mais comum — sair fracassado como orador.

A falta de experiência pode deixar o orador inseguro.

Por esse motivo, você poderá supor a possibilidade de que surjam alguns destes fatos:

- os ouvintes serem hostis;
- a plateia ser indiferente ou apática;
- você não ter habilidade para contornar situações imprevistas;
- não se comportar convenientemente diante do público;
- não saber o local correto onde deverá ficar;
- passar por incompetente;
- não entender as reações dos ouvintes;
- não saber usar corretamente os recursos audiovisuais;
- não saber ou encontrar dificuldades para ajustar convenientemente o microfone;
- ficar na dúvida se deverá falar em pé ou sentado;
- não ter consciência de estar falando com muito ou pouco volume de voz;
- ter dúvida sobre se o traje escolhido é o ideal para o evento;
- encontrar na plateia pessoas muito importantes que o deixem pouco à vontade;
- não corresponder à expectativa dos seus superiores hierárquicos, dos seus pares ou dos seus subordinados;

- encontrar pessoas de que goste muito, cuja opinião ou senso de observação conquistaram seu respeito, e não corresponder à expectativa que elas têm em relação à sua competência;
- ficar atrapalhado ao chegar à tribuna ou ao local da apresentação, ou mesmo no momento em que for sair deles;
- ter problemas com o som;
- ser criticado ou ridicularizado;
- não projetar a mesma imagem que possui fora da tribuna;
- demonstrar muito nervosismo;
- tremer segurando o papel utilizado para a leitura e o público perceber;
- ser atrapalhado por ruídos externos à sala onde se apresenta.

Da mesma maneira como você não vai para a frente da plateia tendo plena consciência dos obstáculos que enfrenta pela falta de conhecimento, também no caso da falta de prática ou de experiência é quase certo que só inconscientemente saberá que essas dificuldades o acompanharão. Com a possibilidade de que esses fatores negativos possam mesmo participar da sua apresentação, mais uma vez entra em funcionamento o mecanismo do medo, liberando adrenalina no seu organismo para protegê-lo do provável perigo e deixá-lo pronto para a fuga. Lembre-se do que vimos durante a explicação do mecanismo do medo: a adrenalina é descarregada no organismo para aumentar a capacidade de fuga, mas, como para falar em público essa fuga não é possível, o hormônio permanece um pouco mais no organismo antes de ser metabolizado e, como consequência, surge o nervosismo.

Também apenas a falta de prática ou de experiência não pode ser identificada como único motivo para o aparecimento do medo de falar em público, uma vez que pessoas acostumadas a enfrentar plateias, até por força de suas atividades profissionais, em determinadas circunstâncias chegam a ficar nervosas. É o caso de professores que durante muitos anos falam diante de seus alunos dentro da sala de aula e, quando precisam, por exemplo, fazer um discurso em homenagem a um colega que está aniversariando ou se aposentando, ficam com medo de usar a palavra em público.

Por isso, Anthony Giddens mostra que a consciência prática nos serve como âncora de conhecimento na sensação de segurança. Sem o apoio da experiência prática, ao depararmos com situações novas, desconhecidas ou pouco vivenciadas, nós nos sentimos vulneráveis e despreparados para enfrentá-las.

Falta de autoconhecimento

Ao longo dessas últimas décadas ensinando pessoas das mais diversas formações e atividades a se apresentar diante de uma plateia, pude constatar que a falta de autoconhecimento se constitui o principal motivo do aparecimento do medo de falar em público. Nós não nos conhecemos. Somos praticamente desconhecidos para nós mesmos quando estamos falando diante do público.

Afinal, quem somos? Como somos? Como é a nossa voz? Como reage a nossa fisionomia quando deparamos com um auditório hostil, indiferente ou amistoso? Como nos posicionamos diante do público? Se você não se conhecer bem, se tiver uma ideia distorcida de quem é como orador, como poderá ficar tranquilo e seguro no momento de fazer uma apresentação?

A explicação para o aparecimento do medo de falar em público provocado pela falta de autoconhecimento está na presença de dois oradores distintos que coexistem em todos nós: o orador real e o orador imaginário. Vamos estudar a origem e as características de cada um deles para que você possa compreender bem a sua constituição e a influência que eles têm na qualidade e no resultado da comunicação.

O orador real e o orador imaginário

Todos nós, qualquer que seja nossa formação, nosso nível social ou econômico, possuímos internamente dois oradores distintos: um real ou verdadeiro e outro imaginário[2].

O orador real ou verdadeiro é aquele que o público vê quando falamos. O imaginário, como o próprio nome sugere, é fruto da nossa imaginação, aquele que pensamos que a plateia vê quando nos apresentamos.

Entre o real, aquele que mostramos verdadeiramente para os ouvintes, e o imaginário, que apenas imaginamos estar mostrando, pode existir uma grande diferença que nem sempre conseguimos perceber ou medir. São dois oradores diferentes participando da vida da mesma pessoa e com chances de prejudicar a correta dimensão do autoconhecimento.

Como surge o orador imaginário

Ao longo da sua vida é quase certo que você tenha passado por períodos de tristeza e de infelicidade, tenha enfrentado traições, injustiças, cerceamentos ou tenha sido marginalizado nos ambientes que frequentou, como a sua própria casa, a escola, o local de trabalho.

Provavelmente esses acontecimentos ruins se associaram às suas boas lembranças e ficaram registrados em sua mente. Como consequência, construíram uma autoimagem distorcida, que quase sempre é negativa e muito deteriorada, diferente da imagem verdadeira. O orador imaginário é criado

[2] Por ser fruto da nossa imaginação, pode ser denominado também de *orador imaginado*.

com base nessa autoimagem falsa e distorcida, isto é, você fala de uma maneira, mas pode julgar, com apoio nesses registros negativos, que está se expressando de forma diferente. Como talvez você imagine que a sua imagem transmitida é pior do que a que geralmente as pessoas veem, sente receio da crítica, da censura. Acha que os ouvintes não o estão aceitando ou não estão gostando do tipo de orador que você é, e, a partir daí, o mecanismo do medo é acionado. Ou seja, você fica com medo porque imagina que a sua comunicação é deficiente, não por causa da sua efetiva qualidade de orador.

Se você não se conhecer de forma conveniente, poderá se tornar um indivíduo desconhecido para você mesmo durante a apresentação e terá receio de que ocorram fatos que possam prejudicar a sua imagem. Veja algumas preocupações que você poderá levar para sua apresentação, sem que às vezes se dê conta delas:

- ter voz feia, fraca, incompreensível, despersonalizada, muito aguda, muito grave ou com outras imperfeições;
- apresentar-se com postura incorreta, gestos artificiais ou inadequados;
- falar com olhar perdido, tímido ou amedrontado;
- demonstrar vocabulário hesitante, fraco, insuficiente ou impróprio;
- cometer erros gramaticais ou ter dúvidas quanto à aplicação de regras de concordância e conjugações verbais;
- expressar-se com pronúncia incorreta de palavras;
- comunicar-se com dificuldade ou incapacidade para ordenar as ideias.

Você poderá deduzir que, se esses fatos vierem mesmo a ocorrer, sua imagem poderá ser prejudicada diante dos ouvintes.

Por isso, com receio de que essa possibilidade se concretize, mais uma vez entra em funcionamento o mecanismo do medo liberando adrenalina no seu organismo para protegê-lo do perigo que se avizinha e prepará-lo para a fuga.

> Com relação ao medo de falar em público, até aqui você verificou que ele surge principalmente por causa de três motivos: falta de conhecimento sobre o assunto, falta de prática ou de experiência no uso da palavra em público e falta de autoconhecimento.

Além desses três motivos, o medo de sentir medo é um outro fenômeno importante que precisa ser considerado na avaliação do medo de falar em público para que você possa se preparar de maneira mais apropriada para enfrentá-lo.

O medo de sentir medo

O círculo vicioso do medo é um fenômeno que pode ocorrer com qualquer pessoa, principalmente se você for um orador iniciante. Conforme já observamos, quando sentimos medo, devido à descarga de adrenalina no sangue, o corpo sofre um descontrole generalizado que provoca o nervosismo. Como não queremos demonstrar aos ouvintes que estamos nervosos, porque poderemos parecer vulneráveis e enfraquecidos, a simples possibilidade de que isso possa acontecer se transforma em uma causa do medo, que, por sua vez, provoca o nervosismo e, assim, em um círculo vicioso, medo e nervosismo ficam atuando ao mesmo tempo como causa e efeito. Isto é, ficamos com medo de sentir medo. E, como disse Franklin Roosevelt: “A única coisa que devemos temer é o próprio medo”. Por isso, mais à frente você verá como interromper esse círculo vicioso do medo.

Um bom exemplo da presença do círculo vicioso do medo é o nervosismo mais acentuado que toma conta de algumas pessoas quando precisam ler em público. Se elas forem ler e ficarem nervosas, as mãos poderão tremer, e o movimento descontrolado do papel as denunciará. Com receio de que esse fato negativo ocorra, elas sentem medo, sofrem a descarga de adrenalina e ficam nervosas. E, assim, com medo de sentir medo — porque sabem que ficarão nervosas —, vão realimentando tanto o medo quanto o nervosismo.

Para interromper o círculo vicioso do medo de ler em público, uma boa solução é usar uma folha de papel mais encorpada, como a cartolina, por exemplo. Ao fazer um discurso com três ou quatro folhas mais grossas, mesmo que você fique um pouco nervoso, o público não irá perceber, pois o papel não ficará balançando de maneira descontrolada. Só o fato de saber que esse pequeno tremor não será percebido pelos ouvintes fará com que você fique mais tranquilo e, assim, deixe de tremer.

Analise as causas do seu medo

Com base nos possíveis motivos analisados, reflita e procure identificar quais as causas do seu medo. Estabeleça uma ordem de importância, começando a lista pelas mais significativas até chegar àquelas que influem muito pouco na sua preocupação de falar. Com o tempo você irá descobrir que o medo de falar em público não surge a partir de causas isoladas, mas, sim, pela conjugação de vários motivos, que se somam, se misturam e se transformam em um autêntico enigma a ser decifrado. Só depois de descobrir as causas é que você poderá encontrar as soluções mais eficientes para o problema. Identificando os motivos do seu medo de falar em público, você terá condições de combater aquele sentimento de impotência, consciente de que não ocorrerá nenhum fenômeno mágico que lhe trará segurança e confiança para fazer suas apresentações, e estará mais bem preparado para escolher armas apropriadas que o ajudarão a se entregar com determinação a esse combate e sair dele vitorioso. Enquanto você reflete a respeito das possíveis causas do seu medo de falar em público, vamos estudar o que poderá ser feito para ajudá-lo nessa empreitada.

VENCENDO O MEDO DE FALAR EM PÚBLICO

Agora que você entendeu o mecanismo do medo de falar em público e identificou suas causas e como ele se manifesta, está em melhores condições para iniciar um estudo que lhe permitirá estabelecer planos de conduta para vencê-lo.

Não existe um único caminho ou, como já alertei, fórmulas milagrosas para combater o medo, embora existam medicamentos que podem minimizar a ansiedade na hora de falar em público, como mostra a entrevista no Anexo sobre o uso dos betabloqueadores.

Qualquer orientação, por mais eficiente que seja, exigirá trabalho, força de vontade e determinação. Embora se caracterize como uma tarefa difícil, ela é sempre possível, pois, por maior que o medo se apresente, ele poderá ser superado.

Nesta etapa do nosso estudo vamos abordar os seguintes pontos:

- transforme o medo: de inimigo em poderoso aliado;
- produza um filme de sucesso;
- faça sua autoestima trabalhar por você;
- ter medo não é ser covarde;
- revelar que estamos nervosos ajuda a combater o medo?;
- interrompendo o círculo vicioso do medo;
- no início, "vá de leve";
- faça relaxamento;
- combatendo as causas específicas do medo de falar em público.

Transforme o medo: de inimigo em poderoso aliado

Você verá que vencer o medo de falar em público não significa exterminá-lo, pois é quase certo que ele jamais desaparecerá. Por mais preparado e experiente que você seja, ao falar em público sempre ficará exposto diante da plateia e, portanto, estará sujeito a enfrentar algum dado desconhecido, com possibilidade, mesmo que remota, de prejudicar a sua imagem. Assim, mesmo que você conheça o assunto com profundidade, tenha muita experiência de enfrentar plateias e se conheça bem, nunca será possível ter o domínio completo de todos esses fatores. E, por existir a chance, mesmo que seja quase desprezível, de que um deles escape a seu controle, o mecanismo do medo, que está sempre alerta para protegê-lo nos momentos de perigo e prepará-lo para a fuga, despejará adrenalina no seu organismo. Como o risco de que algo negativo aconteça diminui à medida que as causas do medo de falar em público passam a ser controladas, a quantidade de adrenalina também será reduzida, mas ainda assim será liberada.

Transforme o medo em poderoso aliado.

O medo excessivo e descontrolado é negativo, pois irá limitar ou diminuir sua capacidade de comunicação e o

impedirá de usar a sua competência de forma plena; por isso, precisa ser combatido. Entretanto, tentar eliminá-lo por completo, além de ser um objetivo praticamente inatingível, poderá até ser prejudicial, porque, isento de preocupações com o assunto, com as circunstâncias que enfrenta ou com a própria apresentação em si, você poderá ficar tão confiante que correrá o risco (o que não é incomum) de se tornar negligente com o preparo do tema, com o respeito que deveria ter com o público e, a partir desse comportamento excessivamente despreocupado, desmotivar-se, perder o entusiasmo e, como consequência, a admiração e o interesse dos ouvintes. Por esse motivo, prefiro um orador com algum tipo de timidez a outro totalmente extrovertido e desinibido. Enquanto este, por excesso de segurança, talvez deixe de se preparar com empenho para se sair bem em suas apresentações, e, por isso, corra o risco de se comprometer, aquele, embora mais tímido, será mais zeloso com relação à mensagem e aos ouvintes, reduzindo, dessa forma, a possibilidade de erros.

Portanto os seus esforços devem ser orientados no sentido de dominar ou domesticar o medo, e não de eliminá-lo. Sob controle, o nervosismo produzido é bastante moderado e transforma-se em preciosa energia positiva, que pode ser canalizada para a vibração, o entusiasmo e a emoção da sua fala, tornando-o mais envolvente. Esse comportamento lhe dará mais credibilidade, pois será visto como sinal de convicção e de interesse pela mensagem. Com o medo controlado, além de aproveitá-lo como fonte de energia, você estará sempre alerta, não se descuidando da preparação do assunto, respeitando sempre o auditório e afastando um possível ar arrogante desenvolvido pelo excesso de confiança.

Depois de algumas experiências, certos oradores descobrem também que essa energia criada pelo nervosismo controlado os ajuda a pensar melhor e a produzir mais diante do público.

Não perder completamente o medo, mantendo-o sob controle, significa transformá-lo: de um temível inimigo em poderoso aliado para a comunicação.

Há mais de 40 anos fazendo palestras nas mais diferentes regiões do país, sempre antes de me apresentar ainda sinto correr um leve frio na espinha. Passou a ser o sinal de que naquele momento meu organismo está sendo energizado e de que, consequentemente, eu também estarei mais bem preparado para falar em público.

Produza um filme de sucesso

Por todos os motivos que estudamos até aqui, antes de você se apresentar a sua imaginação talvez seja impregnada de imagens negativas originadas pela perspectiva do caminho desconhecido e arriscado que percorrerá durante a sua exposição. Se você já fez alguma apresentação em público, irá se lembrar de que, mesmo que tenha havido uma pequena possibilidade de que ocorresse um fato negativo, sua mente deve ter se voltado apenas para essa preocupação, e o tempo todo alimentou e realimentou seu nervosismo diante dessa expectativa, que, provavelmente, não se consumou. Saiba que quase sempre os acontecimentos imaginados, que poderiam prejudicar a sua imagem, não se concretizam ou, quando ocorrem, acabam produzindo um mal menor do que você havia suposto.

Portanto, nada de ficar sofrendo por causa de erros ou contratempos que, de maneira geral, acabam não ocorrendo. Considerando que imaginar um resultado desastroso ou de má qualidade limita o potencial de comunicação, dirija seus pensamentos para a visualização de imagens positivas de uma fala bem-sucedida.

Deixe sua imaginação produzir um filme de sucesso em que você esteja falando com desembaraço e recebendo sinais de atenção e simpatia do público. Pense no prazer que

Produza um filme de sucesso.

sentirá fazendo uma boa apresentação. Não se esqueça de pôr no seu filme um final feliz, com os aplausos e os comentários elogiosos da audiência. Com esse procedimento, estará contribuindo para fazer com que o ato de falar em público se transforme em uma atividade agradável. Ainda que no início você não consiga esse filme bem-sucedido, pelo menos procure afastar os pensamentos negativos. Já será um passo importante para começar.

Não desanime diante das dificuldades iniciais, que provavelmente irão aparecer. Não será simples nem fácil orientar o pensamento para essas imagens positivas e de sucesso, porque elas estarão em conflito permanente com os antigos e experimentados pensamentos negativos registrados na memória. Mas, com treino, paciência e uma atitude persistente, será possível aprender a pensar de forma construtiva e a combater o medo. Nunca será demais insistir nesta afirmação: não basta querer ou precisar dominar o medo, é preciso também um trabalho árduo na conquista desse objetivo.

Não será suficiente, por exemplo, limitar-se à leitura deste livro para ter o medo de falar em público sob controle. Você deverá se preparar a partir das recomendações dadas, fazer os exercícios e pôr em prática os conceitos sugeridos em seus diversos capítulos. Dessa forma é que o medo será vencido.

Faça sua autoestima trabalhar por você

Não, você não está lendo um livro de autoajuda motivacional, como já afirmei nas primeiras páginas. Entretanto, para combater o medo de falar em público, robustecer um pouco a autoestima não faz mal a ninguém e, garanto, irá ajudá-lo a fazer suas apresentações com mais confiança.

O recurso é bastante simples, muito útil, e costuma dar ótimos resultados para combater o medo. Faça uma boa revisão dos acontecimentos mais significativos que ocorreram ao longo de sua vida e relacione os aspectos positivos que julgar relevantes. Reflita comigo: se você consegue pensar nos fatos negativos que ocorreram ou que venham a ocorrer com sua vida, por que não poderia dedicar um pequeno tempo para recordar também o que já fez de bom? Embora cada pessoa tenha uma lista diferente de fatos, pois trata-se da própria vida dela, para ajudar você no processo inicial de reflexão vamos listar alguns pontos que pode considerar:

- suas vitórias;
- os momentos difíceis que conseguiu superar;
- os elogios que recebeu;
- os bons trabalhos que executou;
- os planos que criou ou conseguiu realizar;
- as boas iniciativas que tomou;
- outras apresentações em que se saiu bem diante do público.

Nos momentos que antecedem a apresentação, quando as dúvidas do que poderá ocorrer diante do público surgirem, incitando o medo, lembre-se dos acontecimentos agradáveis de sua vida. Ao sentir o prazer de cada recordação, você estará elevando o nível de autoestima e, assim, aumentando a confiança e diminuindo a pressão do medo.

A exemplo do que acontece quando produzimos imagens positivas para nossa apresentação, rever os bons momentos concorrerá com as lembranças desagradáveis, mas, com esforço, treino e persistência, você aprenderá a atuar de maneira positiva.

Ter medo não é ser covarde

Embora o dicionário defina "covarde" como aquele que é sem coragem, tímido, medroso, não podemos confundir o medo de falar em público com covardia. O conceito de covardia precisa ser avaliado um pouco além dessa ótica limitada. Podemos conceituar o covarde como sendo aquele que sente medo de falar e recua diante da dificuldade, escondendo-se a vida inteira atrás de desculpas, fugindo das chances que aparecem e alegando que apenas alguns poucos privilegiados tiveram a sorte de nascer confiantes para usar da palavra em público. Se você entender que o medo de falar em público é um atributo próprio do covarde, estará aceitando uma ideia falsa e prejudicial ao seu desenvolvimento como orador. Portanto, aceite o medo de falar em público como um estado natural e não o confunda com covardia.

Se você não reconhecer no medo de falar em público um estado natural e insistir em confundi-lo, sem fundamento, com a covardia, estará ampliando o problema, pois, sempre que ele surgir, você se julgará um perdedor, com vergonha desse sentimento e com menor chance de combatê-lo.

Revelar que estamos nervosos ajuda a combater o medo?

Conforme comentei há pouco, as pessoas não gostam de reconhecer que têm ou tiveram medo de falar em público, pois receiam ser vistas como frágeis e, por isso, ter sua imagem prejudicada. Sempre que alguém da imprensa resolve fazer uma matéria sobre o medo de falar em público, me pede indicações de quem poderia dar depoimentos falando sobre o medo que sentia antes de frequentar o nosso Curso de Expressão Verbal e de como passou a ser confiante hoje, após ter realizado o treinamento. No início eu ainda tentava falar com alguns ex-alunos, pedindo que participassem contando sua história nas entrevistas. Mas a resistência sempre foi tão forte que acabei me comportando com bastante cautela. Hoje, quando um jornalista diz que a matéria é sobre o medo de falar em público e pede ajuda com indicação de ex-medrosos, já aviso que será muito difícil encontrar algum voluntário por causa dessa atitude refratária das pessoas diante do assunto.

Se as pessoas não gostam de dizer que um dia sentiram medo de falar em público e que agora superaram o problema e se apresentam diante das plateias falando com segurança, dá para imaginar a dúvida que surge quando alguém está diante do público fazendo a apresentação e é pressionado pelo medo: deve ou não revelar aos ouvintes que está nervoso?

Alguns estudiosos sugerem como uma maneira eficaz de combate ao medo que o orador declare em público que está nervoso, pois, assim, não permaneceria mais em uma luta constrangedora consigo mesmo para ocultar suas reações. Outros, ao contrário, julgam que esse procedimento poderia enfraquecer a imagem desnecessariamente, já que o nervosismo talvez nem chegasse a ser percebido pelos ouvintes.

As duas correntes têm razão se considerarmos as circunstâncias em que o nervosismo ocorre. Podemos decidir se iremos ou não revelar que estamos com medo e como fazê-lo de acordo com o momento específico.

Nas formaturas do nosso Curso de Expressão Verbal, costumamos convidar personalidades importantes do mundo político, empresarial e artístico para atuar como paraninfos das turmas ou compor a mesa de honra. Essas pessoas estão acostumadas a se apresentar em público e em geral com excelente comunicação.

Depois que recebem o certificado de conclusão, os alunos se dirigem ao microfone e deixam uma pequena mensagem para o auditório, na maior parte das vezes composto por cerca de 300 pessoas. Todos se saem muito bem, pois foram treinados e preparados durante semanas para falar em público.

Se essa desenvoltura dos alunos formandos, por um lado, provoca a admiração dos presentes, por outro deixa os convidados com maior responsabilidade, pois terão de se expressar para aqueles que, além de terem aprendido a falar com desembaraço e eficiência, estudaram tecnicamente a comunicação, estando em condições de avaliá-los e perceber possíveis falhas ou deslizes. É natural que, diante dessa situação, os paraninfos sintam algum desconforto para falar, por mais experiência que tenham e por melhor que seja a sua comunicação. Alguns encontraram maneiras inteligentes para revelar que não estavam muito à vontade e conseguiram conquistar a simpatia do auditório, como mostram alguns exemplos.

Guilherme Afif Domingos, que, entre outras atividades, foi candidato à Presidência da República, Presidente da Associação Comercial de São Paulo, Deputado Federal e Secretário da Administração Municipal de São Paulo, ou seja, uma pessoa acostumada a usar a palavra em público, deixou este depoimento:

> *Quando eu sair daqui, vou procurar o meu irmão Cláudio e dizer que ele estava enganado. A circunstância mais difícil e que nos deixa menos à vontade para fazer um discurso não é à beira de um túmulo, mas, sim, diante de um grupo de alunos que se formam em oratória.*

Veja agora o depoimento do ex-presidente Jânio Quadros, considerado um dos melhores oradores da história do Brasil:

> *Já me pespegaram várias peças, artifícios de toda natureza, mas paraninfar uma turma de formandos em oratória me parece a última e a maior. Vai reclamar de mim um esforço sobre-humano, e isso não é lícito. Lembro Terêncio — não afasto de mim tudo que seja humano.*

Outro depoimento muito interessante foi deixado por Aloizio Mercadante, um orador com extensa experiência como professor universitário e que chegou a ocupar o cargo de Ministro da Educação:

> *Eu já fui paraninfo de várias turmas e dei aula durante 18 anos em universidades. Mas não é a mesma coisa falar no final de uma cerimônia em que todos que se formaram deram belíssimos exemplos de como se comunicar, de como traduzir o que pensam e o que sentem.*

E agora, para encerrar, o depoimento do ex-governador de São Paulo Luiz Antônio Fleury Filho:

> *Tenho receio de ficar nervoso, porque a minha comunicação será objeto de análise não dos leigos, mas daqueles que aprenderam a falar e concluem um curso de tanta importância na vida prática de todos nós.*

Caberá a você decidir se deverá, diante do público, revelar que está nervoso, mas considere sempre muito bem cada circunstância, os riscos e o tipo de vantagem que teria com essa atitude. Se alguém lhe perguntar se está sentindo nervosismo nos momentos que precedem sua apresentação, ou quando já estiver em pé na frente da plateia, responda com sinceridade dizendo, por exemplo, "sim, um pouco" ou "sim, estou", mas sem entrar em detalhes.

Em uma solenidade ou reunião em que você esteja sendo homenageado, devido à própria natureza do evento e à esperada emoção, não haveria prejuízos se confessasse estar nervoso ou, mais indicado ainda, se revelasse estar emocionado. Durante as aulas práticas do nosso curso, alguns alunos, diante dos colegas, declaram que estão nervosos; assim, diminuem a responsabilidade de esconder que estão com medo e isso os ajuda a combatê-lo.

Junto aos diretores, em um ambiente competitivo, talvez não convenha confessar o nervosismo.

Agora, ter a iniciativa de revelar que está nervoso em uma circunstância em que provavelmente ninguém perceberia, ou em uma reunião diante dos colegas de diretoria, que convivem em um ambiente competitivo, talvez não seja a atitude mais acertada, pois, embora você tenha chances de conquistar a simpatia do público, mais tarde, quando a emoção ceder lugar à razão, poderá correr o risco de se arrepender.

O pior momento para tomar a decisão de revelar ou não que está nervoso é exatamente quando estiver diante do público. Por isso, analise bem as circunstâncias em que possa se apresentar e considere com antecedência as vantagens que teria revelando ou não que está nervoso. No caso de dúvida, prefira não comentar.

Interrompendo o círculo vicioso do medo

Quando uma pessoa é tomada pelo medo diante do auditório, um turbilhão de sentimentos, dúvidas e hesitações revolve em seu interior. Ela acredita que esse tumulto está sendo observado pela plateia, que, supõe, a vê como enfraquecida, o que a leva a pensar que, se estão percebendo seu nervosismo, atribuem a ela também a figura de uma pessoa insegura e incompetente. Conforme foi visto há pouco, o fato de uma pessoa imaginar que esse quadro venha a ocorrer aciona o mecanismo do medo e, em um círculo vicioso, ela passa a ter medo de sentir medo.

Para combatê-lo, há uma informação muito importante que nem sempre pode ser verificada devido à falta de recursos técnicos ou de oportunidade: o nervosismo pode passar despercebido pelo auditório ou, pelo menos, não chegar a ser notado com a mesma intensidade sentida pelo orador. Ao fazer essa constatação, o receio de parecer nervoso diante do público poderá diminuir a um nível suportável e não prejudicial à comunicação, quebrando, assim, o círculo vicioso do medo.

No nosso Curso de Expressão Verbal gravamos os exercícios em vídeo, e os alunos, em sua maioria, ficam agradavelmente surpresos ao constatar, no vídeo, que os ouvintes perceberam muito pouco ou quase nada o desconforto que sentiram na tribuna. Essa observação os ajuda a combater o medo e, consequentemente, a diminuir o nervosismo. Essa é uma verdade tão contundente que tenho mostrado este trecho do livro a muitos alunos que se saem bem nas apresentações, mas que imaginavam não terem tido um desempenho tão bom. E todos, sem exceção, concordam que foi exatamente o que ocorreu com eles também.

Lembre-se de que é natural ficar mais nervoso nos momentos que antecedem a apresentação e nos primeiros instantes na frente do público. Com o transcorrer do tempo, os riscos do desconhecido desfazem-se diante de uma realidade diferente da que você havia imaginado, o nervosismo vai diminuindo e chega, em alguns casos, praticamente a desaparecer.

No início, "vá de leve"

No início, o medo está mais atuante e o nervosismo é mais acentuado porque a descarga de adrenalina acabou de ocorrer e, por isso, nesse instante, a pressão é mais intensa. Esse é um momento de insegurança e desequilíbrio emocional que você precisa e pode contornar com algumas atitudes simples e práticas.

Sabendo que o nervosismo diminuirá com o andamento da apresentação, você não deve se precipitar falando logo no começo com muita intensidade de voz, pronunciando rapidamente as palavras e executando gestos largos.

Até estar mais calmo, deve falar com volume de voz moderado, um pouco mais devagar, respirando a cada pausa (sem que os ouvintes percebam), sem gesticular ou com gestos reduzidos. Esses cuidados impedirão que a sua ansiedade seja revelada e percebida pelo auditório e contribuirão para antecipar a conquista da segurança e da fala mais confiante.

Não fale logo que chegar à tribuna, porque esse é o momento em que a adrenalina estará fervendo no sangue. Respire de maneira controlada, ajuste com calma o microfone, acerte as folhas de papel caso as tenha levado como roteiro da apresentação, cumprimente sem pressa e com a maior simpatia que puder cada uma das pessoas sentadas à mesa diretora. Aja com naturalidade, sem passar a ideia de uma atitude negligente, e, se possível, sorria.

Se não houver uma mesa diretora, ao cumprimentar a plateia, respire e aproveite para pôr oxigênio novo no organismo. Por exemplo: "Senhoras (respire), senhores (respire), caros colegas (respire)". Adote essa atitude mesmo que exista a mesa diretora e já tenha cumprimentado cada um de seus integrantes de maneira pausada. Faça esse treinamento de cumprimentar, com exercício da respiração, até agir com espontaneidade, sem que os ouvintes possam perceber. Cuidado para não exagerar na respiração, caso contrário, se fizer inspirações de ar muito profundas, poderá sentir tontura. Por isso apenas respire de forma controlada. São só alguns poucos segundos, mas tempo suficiente para deixá-lo mais tranquilo e proporcionar melhores condições para um bom início.

Faça relaxamento

Exercícios de relaxamento são excelentes para combater os efeitos físicos do medo e preparam melhor o organismo para falar.

São inúmeros os exercícios de relaxamento que você poderia fazer para proteger o organismo dos ataques do medo. Vou sugerir dois deles, que poderão ser feitos em casa e até no ambiente de trabalho, nos seus intervalos de folga.

Você pode fazer esses exercícios de relaxamento em posição deitada e em posição sentada — método gradativo.

Relaxamento em posição deitada

⇒ Deite-se de costas sobre uma superfície consistente: no chão, sobre um tapete ou carpete, ou em uma cama que não tenha colchão muito macio.

⇒ Afaste levemente os braços do tronco, deixando as palmas das mãos voltadas para cima.

⇒ Afaste levemente os pés deixando-os a mais ou menos um palmo um do outro.

⇒ Feche os olhos.

⇒ Respire profundamente algumas vezes, mas sem forçar demais.

⇒ Concentre-se no seu corpo, procure não pensar em mais nada e tente sentir o grau de descontração em que se encontra nesse momento.

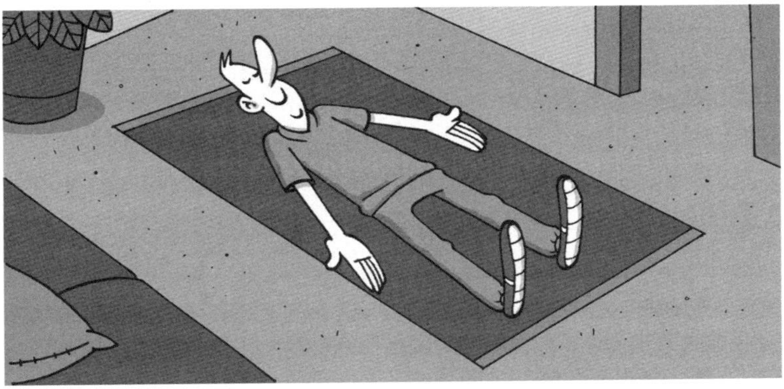

Posição deitada para exercício de relaxamento.

⇒ Contraia todas as partes do corpo ao mesmo tempo até conseguir o máximo de tensão. Observe se contraiu os pés, as pernas, as nádegas, o peito, as mãos, os braços, os ombros, o pescoço, as faces, os olhos e a testa. Para conseguir uma boa contração dos ombros, do pescoço e da cabeça, enterre a cabeça nos ombros, que deverão estar bem levantados.

⇒ Permaneça nessa posição contraída por mais ou menos dez segundos.

⇒ Comece a relaxar todas as partes do corpo até atingir o máximo de descontração. Abra as mãos, solte os braços, as nádegas, as pernas, os pés, a cabeça, o pescoço, o peito e os ombros. Permaneça durante alguns minutos na posição original com as pernas e os braços afastados e os olhos fechados. Você notará uma grande diferença se comparar esta descontração que está sentindo agora com aquela experimentada no início do exercício.

Relaxamento em posição sentada – método gradativo

O exercício de relaxamento na posição sentada é mais prático e simples de realizar porque pode ser feito em qualquer lugar, bastando apenas ter uma cadeira para se sentar.

⇒ Sente-se confortavelmente em uma cadeira ou poltrona.

⇒ Encoste-se bem no espaldar da cadeira, deixe os dois pés no chão e as mãos sobre as pernas.

⇒ Feche os olhos.

Posição sentada para exercício de relaxamento.

⇒ Respire algumas vezes de maneira controlada, mas sem forçar demais.

⇒ Concentre-se no seu corpo, procurando não pensar em mais nada, e tente sentir o grau de descontração em que se encontra nesse momento.

⇒ Primeiro, com as mãos fechadas, contraia os dois braços estendidos horizontalmente.

⇒ Depois de atingir o máximo de tensão, descontraia devagar, abrindo as mãos, soltando os braços e deixando-os cair naturalmente sobre as pernas. Eles deverão permanecer nessa posição relaxada até o final do exercício.

⇒ Contraia o semblante, o pescoço e os ombros. Feche os olhos bem apertados, franza a testa, force a mandíbula para cima e enterre a cabeça nos ombros.

⇒ Depois de atingir o máximo de tensão, descontraia lentamente todas as partes — os olhos, a testa, a mandíbula (deixando a boca semiaberta, como se estivesse espantado), o pescoço e os ombros. Enquanto estiver descontraindo essas partes, mantenha os braços relaxados.

⇒ Contraia o tronco estufando o peito, encolhendo o abdômen e enterrando as nádegas na cadeira.

⇒ Depois de atingir o máximo de tensão, descontraia lentamente todas as partes — o peito, o abdômen e as nádegas. Enquanto estiver descontraindo essas partes, mantenha os braços, o semblante, o pescoço e os ombros relaxados.

⇒ Contraia as pernas e os pés forçando-os contra o chão.

⇒ Depois de atingir o máximo de tensão, descontraia lentamente as partes — as pernas e os pés. Enquanto estiver descontraindo essas partes — as pernas e os pés —, mantenha os braços, o semblante, o pescoço, os ombros e o tronco relaxados.

⇒ Por último, contraia todo o corpo ao mesmo tempo — braços, semblante, pescoço, ombros, tronco e pernas.

⇒ Depois de atingir o máximo de tensão que puder, descontraia lentamente todas as partes. Sinta cada parte do corpo bem relaxada. Sinta as mãos, os braços, o semblante, o pescoço, os ombros, o peito, o abdômen, as nádegas, as pernas e os pés. Respire fundo, sem exagero, sempre de forma controlada, e permaneça nessa posição descontraída e relaxada por alguns minutos. Feche os olhos com suavidade e compare essa descontração com aquela que experimentou no início do exercício.

Para facilitar os exercícios de relaxamento, deixe essas orientações gravadas no celular ou em outro aparelho de gravação de áudio e depois ouça o que gravou para cumprir cada uma das etapas recomendadas. Faço essa sugestão porque será difícil ler e ao mesmo tempo executar as partes do treinamento.

Se esse exercício for realizado com regularidade, o corpo aprenderá a ficar relaxado e, quando você for falar, bastará contrair os braços e as mãos para avisá-lo de que deverá entrar em relaxamento, ajudando, assim, a combater a tensão. Tome cuidado para tentar esse recurso apenas uma ou duas vezes no momento de falar; se não conseguir, pare. Do contrário, poderá desenvolver o hábito e chegar à frente do público contraindo e descontraindo os braços e as mãos.

Para combater o medo de falar em público, você acabou de ver que é importante saber que:

- embora o medo não desapareça, diminuindo a quantidade de adrenalina despejada no organismo, irá transformá-lo de inimigo em poderoso aliado;
- é conveniente produzir um filme de sucesso e imaginar resultados positivos para suas apresentações; contar com a ajuda da sua

autoestima, relacionando e revendo os bons momentos que experimentou na vida;

- ter medo é natural, e não sinônimo de covardia;
- é preciso analisar bem as circunstâncias da apresentação antes de revelar diante dos ouvintes que você está nervoso;
- o fenômeno do círculo vicioso do medo pode ser interrompido com a constatação de que a plateia não percebe o nervosismo com a mesma intensidade como ele é sentido pelo orador;
- o início é o momento mais delicado da apresentação e, devido à descarga de adrenalina mais intensa, o nervosismo é maior, por isso é importante "ir de leve" nessa etapa;
- os exercícios de relaxamento, em pé ou sentado, podem dar mais tranquilidade na hora de você falar diante dos ouvintes.

Combatendo as causas específicas do medo de falar em público

Foi importante você estudar logo no início os motivos do medo de falar em público, pois o combate às suas causas específicas é realizado com o conhecimento do assunto, a experiência adquirida e o desenvolvimento do autoconhecimento.

Conheça o assunto

Conheça com a maior profundidade que puder o assunto que irá expor. Não tenha dúvidas sobre o conteúdo da sua apresentação e estude as respostas adequadas para cada uma das possíveis perguntas do auditório. Além disso, se for possível, peça aos colegas de trabalho, ou aos amigos, que o ajudem a simular uma sessão de perguntas e respostas. Esse treinamento produz resultados excepcionais, pois, ao exercitar as respostas em voz alta, você afastará o excesso de ansiedade e irá para a frente do público mais tranquilo e seguro.

Prepare a matéria procurando saber mais do que irá expor. Esse conhecimento adicional aumentará a sua confiança. Este tem sido um receio comum de alguns palestrantes: terminar a apresentação antes do horário e não ter mais o que dizer. Para se sentir seguro e confiante, vá muito além do que precisa saber para a apresentação. Verifique quais os assuntos que poderiam ser associados ao tema principal e se prepare para discorrer sobre eles. Em alguns casos eles podem servir como exemplos ilustrativos, deixando a apresentação até mais interessante. As histórias também ajudam bastante a preencher o tempo. Além de funcionar como ilustrações, prendem a atenção dos ouvintes e dão segurança, pelo fato de você conhecer o caminho que vai seguir com sua narrativa. Mais uma vez vou sugerir que você faça treinamento falando em voz alta. Aproveite todas as oportunidades que tiver para contar as histórias que poderiam ser utilizadas em suas apresentações. Com essa prática você irá adquirir *timing*, isto é, usará a pausa no momento certo e no tempo adequado. Além dessa vantagem, nas conversas mais informais, com calma, terá condições de avaliar quais as partes da história que provocam interesse e quais as informações que deveriam ser omitidas por não serem tão relevantes.

Descubra o que os ouvintes já sabem sobre o assunto e quais as informações que eles precisam ou gostariam de receber. Em alguns casos essa pesquisa exige trabalho, mas é necessária para que você se sinta confortável com relação ao grau de profundidade que deverá utilizar. Seria desastroso, por exemplo, chegar diante da plateia com uma mensagem já conhecida dos ouvintes e falar como se tudo fosse uma grande novidade. Provavelmente o público se mostraria indiferente, desestimulado, e essa reação negativa tornaria você ainda mais inseguro. Se não for possível obter essas informações com antecedência, reserve um tempo no início da apresentação para conversar com os ouvintes e, a partir desse contato, determine a maneira como irá tratar o assunto.

Organize e treine exaustivamente a ordem das diversas partes do tema e a sequência ideal dos argumentos. A experiência demonstra que normalmente as pessoas sentem medo de falar em público não porque desconhecem o assunto, pois quando são convidadas a se apresentar, de maneira geral, é para tratar de temas que lhes são familiares. O que as intimida é o fato de não saberem como organizar as informações que conhecem. Por isso, aprenda a organizar suas apresentações sabendo exatamente o caminho que pretende percorrer, desde o princípio até a conclusão da fala.

O objetivo deste livro, conforme já comentei, é principalmente discutir e orientar sobre o mecanismo do medo, as causas do medo de falar em público e as formas de combatê-las. Entretanto, saber ordenar o pensamento e organizar as informações é tão fundamental para que você tenha segurança para se apresentar diante das plateias que, resumidamente, darei algumas indicações de como você deverá proceder. Se desejar se aprofundar nesse tema, sugiro a leitura do livro *Assim é que se fala — como organizar e transmitir ideias*, que publiquei pela Editora Benvirá.

Qualquer apresentação, com pequenas variações, poderá ser planejada da seguinte maneira:

Cumprimente os ouvintes

Comece sempre cumprimentando os ouvintes de acordo com a formalidade da circunstância. Esse cumprimento pode ser um simples "senhoras e senhores" ou até uma referência completa aos componentes de uma mesa diretora.

Conquiste a plateia

Depois dos cumprimentos iniciais, procure conquistar os ouvintes. Empenhe-se para despertar a atenção e o interesse do público, quebrar as possíveis resistências das pessoas e angariar a simpatia da plateia.

Veja algumas formas recomendáveis para iniciar a apresentação:

- elogiar ou valorizar a plateia (agradecer a presença das pessoas é uma forma simples e eficiente de iniciar);
- usar uma frase que provoque impacto (especialmente quando os ouvintes estiverem apáticos ou indiferentes);
- valer-se de um fato bem-humorado (entretanto, evite as piadas);
- contar uma breve história interessante;
- levantar uma reflexão;
- mostrar os benefícios do assunto.

Conforme já vimos, o início da apresentação é a fase mais delicada para o orador, pois é o momento em que a adrenalina foi despejada no seu organismo e provoca o nervosismo com maior intensidade. Por isso, não deixe para decidir o que irá dizer na abertura apenas quando estiver na frente da plateia. Planeje com antecedência as informações com as quais pretende iniciar e treine até se sentir seguro de que as está dominando. Esse conhecimento sobre o início da apresentação o deixará mais preparado para superar a pressão natural de enfrentar o público nos primeiros momentos diante da plateia.

Uma precaução importante, como vimos, é a de conquistar a simpatia e a atenção dos ouvintes desde os primeiros instantes. Se a plateia reagir bem logo no início, você ficará mais à vontade para transmitir a mensagem. Para que esse objetivo seja atingido, é preciso ir ao encontro das aspirações do público.

Não nos enganemos. Nós, como ouvintes, somos quase sempre interesseiros e egoístas. De maneira geral, só prestamos atenção se sentimos que teremos algum tipo de benefício ou vantagem. De nada adianta pedirmos às pessoas um pouquinho de atenção. Quase sempre esse tipo de recurso conquista mesmo só um pouquinho de atenção.

Se o egoísmo e o lado interesseiro são características naturais das pessoas, temos de usar a estratégia adequada para que o público se concentre o tempo todo. Portanto, cabe a quem fala conquistar e manter a atenção dos ouvintes desde o princípio até o final da mensagem.

Entre todos os recursos de que dispomos para atingir esse objetivo, dois são mais eficientes: criar expectativa e mostrar logo no início que tipo de vantagem terão. Avalie que benefício os ouvintes terão com sua mensagem, revele essa informação logo no princípio e procure criar expectativas, prometendo, por exemplo, revelar alguma novidade.

Sabendo que sua mensagem fará com que ganhem dinheiro, segurança, prestígio social, perspectivas profissionais, fama, poder, importância, conhecimento, ficarão atentos e interessados na conversa ou na apresentação. Observe, entretanto, que as vantagens deverão ser aquelas que o ouvinte realmente desejar.

De nada adiantaria dizer que os ouvintes conquistariam fama e poder com sua mensagem se o que desejam é levar uma vida pacata e distante das badalações. Da mesma maneira, eles não se empolgariam com a sua apresentação se dissesse que sua proposta proporcionaria alta rentabilidade, se o que desejam é segurança e estabilidade.

Talvez esse seja o maior de todos os segredos da comunicação: pensar com a cabeça dos ouvintes e dizer, com sinceridade, que os benefícios oferecidos são exatamente aqueles que desejam receber. Para isso, precisamos conhecer bem as caraterísticas predominantes do público e planejar o rumo da exposição ou da conversa na direção certa. Agindo com esse cuidado, o público se mostrará mais receptivo e você ficará mais seguro e confiante.

Informe sobre o que vai falar

Em uma ou duas frases, conte aos ouvintes qual o assunto que será tratado.

Faça um retrospecto ou levante um problema relacionado com o tema

Se, na sua apresentação, você pretender dar a solução a um problema, explique antes para os ouvintes qual é o problema. Se o seu objetivo for falar sobre algum assunto atual, ajude as pessoas a compreenderem melhor o tema fazendo antes um retrospecto, mostrando como foi que os fatos sucederam.

Aproveite esse momento da apresentação para falar como se estivesse conversando com os ouvintes. Imagine que está diante de alguns amigos falando sobre o problema que pretende solucionar, ou fazendo um retrospecto que irá explicar a informação atual. Essa maneira solta e descontraída o deixará mais à vontade diante do público e contribuirá para que se sinta mais seguro. Não se esqueça deste segredo da boa comunicação: fale como se estivesse conversando de maneira animada com as pessoas, e não como se fizesse um discurso em público.

Alguns oradores buscam segurança decorando palavra por palavra o que pretendem dizer. Entretanto, esse é um recurso muito perigoso, pois, se você não se lembrar de uma palavra importante na ligação da sequência do raciocínio, talvez, por não ter se preparado psicologicamente para falar de improviso, perca toda a apresentação. Além desse risco, provavelmente você soará artificial, distante dos ouvintes e, com receio de se perder na exposição, não aproveitará as informações que surgem no próprio ambiente, que seriam úteis para mostrar como a mensagem é apropriada para aquela circunstância. Para manter a naturalidade da conversa, prefira levar o roteiro escrito. Assim você se sentirá seguro com as anotações de apoio e com a liberdade para comentar as informações como se estivesse conversando com os ouvintes.

Agora, se você tiver facilidade para decorar, excelente capacidade de teatralização, jogo de cintura para contornar possíveis esquecimentos e presença de espírito para incluir na mensagem as ocorrências da circunstância, fique à vontade para decorar, pois a responsabilidade pelo sucesso ou fracasso da apresentação será sua. Mas, reflita comigo, se você tiver o domínio de todos esses recursos oratórios, por que precisaria decorar o que vai dizer?

Indique as partes que pretende cumprir no desenvolvimento do assunto

Para facilitar ainda mais a compreensão dos ouvintes, divida o assunto que irá desenvolver em três ou quatro partes e conte a eles quais são essas etapas que pretende cumprir.

Essa divisão, além de facilitar a compreensão dos ouvintes, que acompanharão sua apresentação sabendo de antemão quais as etapas que você irá cumprir, fará com que você se sinta mais confiante pelo fato de organizar melhor a sequência do raciocínio.

Apresente o assunto com argumentos e de forma concatenada

Depois de ter preparado de maneira conveniente os ouvintes, comece a desenvolver o assunto dando a solução ao problema apresentado ou mostrando o tema na atualidade. Para isso, use exemplos, lance mão de estatísticas, faça comparações, mostre estudos técnicos ou científicos. E, se for preciso, conte uma história real ou fantasiosa, como fábulas ou parábolas, para ilustrar o que acabou de dizer, para tornar a exposição mais agradável e facilitar a compreensão da plateia.

Refute possíveis objeções

Analise se os ouvintes poderão levantar resistências e objeções às suas ideias e prepare-se com antecedência para refutá-las. Este é o momento em que a refutação deve ser usada para defender seus argumentos.

Não se esqueça de fazer a lição de casa e estudar todas as objeções que os ouvintes poderão levantar, treinando a refutação apropriada para cada uma delas. Assim, você não se intimidará quando os ouvintes começarem a fazer perguntas ou apresentarem resistências.

Se você se preparar de forma adequada para refutar as possíveis objeções da plateia, ouvirá os argumentos contrários com maior tranquilidade.

Recapitule em uma ou duas frases o que acabou de dizer

Pronto, sua apresentação está praticamente concluída. Convém agora, antes de encerrar, fazer uma breve recapitulação da essência do assunto que acabou de expor. Para isso, use apenas uma ou duas frases.

Encerre com informações consistentes, que possam levar à reflexão ou à ação

Evite encerrar com frases frágeis e inconsistentes. Aproveite o final para pedir que os ouvintes reflitam ou ajam de acordo com suas propostas.

Provavelmente, no final, você já terá vencido o nervosismo de se apresentar diante do público e estará em condições de aproveitar bem o encerramento para fazer com que os ouvintes acatem suas propostas ou pelo menos pensem sobre elas.

Você poderá usar essa estrutura para montar suas apresentações, com total liberdade para alterar a ordem de algumas partes e até suprimir aquelas que julgar desnecessárias. Desde que suas modificações contribuam para o sucesso da apresentação, aja como se sentir melhor.[3]

Continuando com as orientações sobre o conhecimento que você deve ter sobre o assunto e a maneira de se preparar adequadamente para a apresentação, faça uma ficha-memória e leve-a como roteiro e fonte de consulta para ter certeza de que estará de posse de todas as informações importantes. Treine esse recurso de apoio para certificar-se de que ele não atrapalhará.

Saiba quais os oradores que o antecederão e que assunto irão desenvolver, para evitar a coincidência de informações e a insegurança de ter de adaptar uma nova abordagem durante o evento.

Se, por acaso, os oradores que o antecederam tiverem dito o que você pretendia dizer, não se desespere. Repita as informações como se estivesse aproveitando circunstâncias nascidas ali no ambiente, o que dará à sua fala ainda mais credibilidade e ajudará a estabelecer identidade com os ouvintes, pelo fato de se tratar de mensagem já ouvida por eles.

Cronometre seu treinamento para não ultrapassar o tempo determinado ou evitar o risco que acabei de mencionar: de o material ser insuficiente para preenchê-lo. Escolha alguns dados que possam ser suprimidos e exercite nova montagem para o caso de o tempo da sua fala ser reduzido por um motivo qualquer. Esses imprevistos acontecem. Comigo têm ocorrido com tanta frequência que já nem os considero mais imprevistos. Lembro-me do encontro de uma associação de contabilistas em

---

[3] Este esquema de apresentação – mesmo com variações – transmite muita segurança ao expositor. Você o encontrará em detalhes no livro *Assim é que se fala*, publicado pela Editora Benvirá.

Campos do Jordão, em que fui contratado como palestrante. Combinamos uma palestra com duração de duas horas. Pouco tempo antes de eu iniciar minha apresentação, o responsável pelo evento me procurou para pedir que eu reduzisse a palestra para uma hora e meia. Em seguida, explicando que alguns políticos haviam se excedido em suas apresentações e avançado no tempo dos outros palestrantes, informou que por isso sobrara apenas uma hora para mim. E, assim, de redução em redução, das duas horas programadas só restaram 15 minutos. Como eu estava organizado para falar em apenas dez minutos se fosse preciso, bastou retirar os visuais de apoio e seguir somente a estrutura central da palestra, sem os comentários adicionais. Como tenho por filosofia que em um evento o mais importante é o seu resultado e que a minha palestra apenas deve contribuir para que esse objetivo seja atingido, fiz a minha parte, para a qual já havia me preparado, no novo tempo concedido: 15 minutos cravados.

Procure ter contato com a atividade sobre a qual irá discorrer. Se for convidado para expor sobre o plantio e a colheita de café, visite uma plantação desse produto e observe como ele é cultivado e colhido. Se receber um convite para falar de transporte de carga, vá até uma transportadora, acompanhe suas operações e, se possível, participe de algum transporte para sentir de perto as dificuldades e os procedimentos rotineiros.

A providência de conhecer a atividade no próprio local onde ela se desenvolve permitirá a observação do assunto nos seus aspectos mais abrangentes, reforçando sua autoridade como orador, e você ficará mais seguro no momento de se apresentar.

Nem sempre você terá condições de se dedicar a todas essas providências e precisará se valer apenas de informações teóricas. Se tiver de se apresentar com essas limitações, pelo menos se empenhe em conversar com as pessoas que se dedicam ao assunto, em último caso, mesmo que seja só por telefone ou por troca de mensagens nos meios eletrônicos. Pessoalmente ou por telefone é melhor, porque a emoção da conversa é mágica para o sucesso da apresentação. Ela permite que você verbalize as informações e se familiarize com a maneira de falar sobre o tema.

Nos treinamentos que faço com os alunos do nosso Curso de Expressão Verbal, antes que se apresentem diante da plateia peço que conversem em pequenos grupos para que possam exercitar o que irão dizer. É impressionante a diferença entre uma apresentação planejada apenas no papel e outra preparada a partir de uma conversa em grupo. Quando o orador fala em público depois de ter conversado sobre o assunto, sua apresentação é muito mais natural, espontânea e segura.

Essas precauções e o conhecimento sobre como tratar o assunto reduzirão a possibilidade de riscos e contribuirão para combater o medo e o nervosismo.

Uma situação muito comum em que as pessoas costumam ficar nervosas é nas apresentações orais de trabalhos escolares. Se o responsável pela exposição conversar antes sobre o tema com os colegas do grupo, provavelmente irá se sentir mais tranquilo para falar depois diante do professor e dos colegas de classe.

Pratique e adquira experiência

Conforme você observou até aqui, o medo de falar em público não surge a partir de causas isoladas, mas, sim, pela conjugação de vários motivos que se somam, se misturam e se transformam em um autêntico enigma a ser decifrado. Entretanto, há uma tendência quase generalizada de as pessoas imaginarem que alguém só sente medo de falar em público quando não conhece o assunto que irá expor. Por isso, é muito importante que você tenha bastante prática e experiência para falar em público, pois, se durante uma apresentação demonstrar qualquer tipo de desconforto ou hesitação, independentemente do motivo, como, por exemplo, a inexperiência de falar diante de plateias, os ouvintes poderão deduzir que a causa seja a falta de conhecimento sobre o assunto. Assim, mesmo tendo domínio da matéria, se você apoiar-se descontroladamente ora sobre uma perna, ora sobre a outra, mexer nervosamente na aliança, coçar a cabeça com insistência ou apresentar outras atitudes que possam revelar seu nervosismo, poderá passar a impressão de que talvez desconheça o tema da sua apresentação.

Como qualquer outra atividade, falar em público requer prática e experiência para ser executada com segurança.

Elimine ou reduza ao mínimo a possibilidade de se defrontar com algum dado desconhecido e com o qual não esteja familiarizado por meio dos seguintes recursos:

- a experiência com o público;
- o contato com os ouvintes antes de falar.

A experiência com o público

Conheça o público que irá ouvi-lo, estude suas características gerais e aprenda como aproveitá-las a seu favor. Para evitar surpresas e se sentir confiante, saiba antecipadamente como quebrar a possível hostilidade, apatia ou crítica dos ouvintes.

Para conhecer o público e saber como deverá agir, você poderá pedir informações ao responsável pelo evento ou estudar o programa para avaliar que tipo de plateia teria interesse nos temas propostos.

Para quebrar a hostilidade

Normalmente o auditório não se mostrará hostil com relação a você ou às suas ideias. Se a sua linha de pensamento não contrariar a dos ouvintes, eles até torcerão pelo seu sucesso. Na hipótese de pensar de forma diferente do público, veja como poderá agir:

1 — Envolver o público

A plateia será hostil se você não souber ou não desejar entendê-la. Se os ouvintes sentirem que as ideias que julgam importantes estão sendo afrontadas ou vistas com menosprezo, é natural que reajam às vezes até com hostilidade.

Por mais que a sua opinião e a do auditório sejam divergentes, sempre haverá pontos de concordância, uma espécie de campo de neutralidade que você poderá percorrer sem hostilizar a plateia. Por isso, no início da apresentação, deverá tocar nos aspectos em que concorda com os ouvintes, mostrando a eles que não é seu opositor e, dessa forma, tentar persuadi-los do seu ponto de vista. Sabendo que com essa atitude a plateia se comportará de forma mais amistosa, dificilmente você será atacado pelo medo e estará mais confiante para falar.

2 — Não contrariar o público

Contrariar ou fazer críticas diretas à opinião ou à forma de agir dos ouvintes, salientando as divergências e polemizando sobre um assunto, não é uma boa estratégia para quem deseja falar com tranquilidade e confiança diante da plateia, especialmente se você estiver iniciando sua carreira de orador. A não ser que seja muito necessário, evite adotar essa atitude de confronto enquanto não se sentir bastante seguro em suas apresentações.

Prefira conquistar confiança para falar em público fazendo, inicialmente, apresentações diante de plateias amistosas e receptivas. Lembre-se de que, ao atacar ostensivamente os ouvintes, irá provocar manifestações hostis, como fisionomias contrariadas, silêncio pesado e até mesmo ataques verbais. Somente um orador experiente, bastante traquejado, respeitado por causa de sua reputação e admirado devido ao conhecimento que tem poderá se submeter a esse desafio sem se sentir intimidado.

Veja um exemplo em que o orador, seguro da sua competência para falar em público, adotou a tática de atacar os ouvintes como estratégia de comunicação para conquistar seus objetivos.

O padre Antônio Vieira, em um dos seus sermões mais importantes, o "Sermão da Sexagésima", criticou o público constituído por padres sobre a forma como estavam pregando. Agiu assim propositadamente para trazê-los à realidade e obrigá-los a refletir sobre o assunto:

> *Dizei-me, pregadores (aqueles com que eu falo indignos verdadeiramente de tão sagrado nome), dizei-me: esses assuntos inúteis que tantas vezes levantais, essas empresas ao vosso parecer agudas que prosseguis, achaste-las alguma vez nos Profetas do Testamento Velho, ou nos Apóstolos e Evangelistas do Testamento Novo, ou no autor de ambos os Testamentos, Cristo? É certo que não, porque desde a primeira palavra do Gênesis até a última do Apocalipse, não há tal coisa em todas as Escrituras. Pois se nas Escrituras não há o que dizeis e o que pregais, como cuidais que pregais a palavra de Deus? Mais. Nesses lugares, nesses textos que alegais para prova do que dizeis, é esse o sentido em que Deus o disse? É esse o sentido em que os entendem os Padres da Igreja? É esse o sentido da mesma gramática das palavras? Não, por certo; porque muitas vezes as tomais pelo que toam, e não pelo que significam, e talvez nem pelo que toam.*[4]

[4] VIEIRA, Pe. Antonio. Sermão da Sexagésima. In: *Obras completas do Padre Vieira*. Porto: Lelo & Irmão Editores, 1951, v. 12, p. 181.

Somente a experiência de um orador tão traquejado quanto Vieira permitiria que iniciasse um sermão contrariando os ouvintes dessa maneira.

Para quebrar a apatia

Outro grande medo de quem fala em público é encontrar um auditório apático e desinteressado na apresentação. Nessa circunstância, você poderá se sentir desprezado pela plateia e até ter o seu amor-próprio agredido.

Se você se apresentar diante de um público que demonstra esse comportamento alheio, muito provavelmente a culpa será sua. É quase certo que não soube ou não se preocupou em encontrar uma forma de atrair os ouvintes. Por isso, estude com cuidado o que provocará o interesse do auditório e desenvolva o tema nessa direção. Associe o assunto com os aspectos que estejam ligados à cultura, à história, à realidade, aos sonhos e aos ideais da plateia, e ela gostará de ouvi-lo.

Veja alguns dos recursos que você poderá utilizar no início da apresentação para afastar a indiferença e a apatia do público:

- mostrar os benefícios que os ouvintes terão com a mensagem;
- usar a presença de espírito para transformar uma informação do ambiente em um fato bem-humorado;
- contar uma história interessante;
- levantar uma reflexão que leve os ouvintes a se interessarem pelo tema;
- lançar mão de uma frase ou informação que provoque impacto nos ouvintes.

Você poderá utilizar um ou mais desses recursos, dependendo da circunstância e das características da plateia.

Ao constatar que os ouvintes estão atentos e interessados em suas palavras, você sentirá muito mais confiança para transmitir a mensagem.

Para enfrentar as críticas

De maneira geral, tememos que alguém nos critique. A crítica pode ser uma demonstração de que as pessoas consideram incorreta a nossa forma de pensar ou agir e que deveríamos modificar o nosso procedimento.

A crítica fere os nossos sentimentos de autoestima e nos deixa magoados. Ninguém gosta de ser criticado. Até mesmo quando temos consciência de que estamos errados ou procedemos de forma inconveniente, resistimos em admitir a nossa falha. Toda vez que somos criticados, reagimos tentando justificar as nossas atitudes para defender a nossa imagem. Mesmo as pessoas que pedem para ser criticadas, que alegam que assim estarão aprendendo e se aperfeiçoando, geralmente agem assim com a intenção de receber mais elogios. Isto é, quem pede crítica espera receber elogios.

É difícil aprender a receber críticas, mas é um aprendizado que vale a pena. Para saber enfrentar as críticas, é necessário que você aprenda a descobrir os verdadeiros motivos que as provocaram e tenha o conhecimento e o controle das suas próprias reações.

Se a crítica tiver origem apenas em sentimentos pessoais, sem razões concretas que a justifiquem, você deverá desconsiderá-la e ter consciência de que o problema não está em sua forma de falar.

Se, por outro lado, ela se basear em motivos reais, especificando a falha — como, por exemplo, postura inadequada, pronúncia defeituosa ou argumentação inconsistente —, você precisará saber aproveitar essas informações para o seu aperfeiçoamento.

Como acabei de dizer, saber aceitar uma crítica não é fácil, mas, se você tiver boa vontade e perseverança, aprenderá a controlar suas reações e manter o domínio da situação.

Quantas vezes fomos criticados e reagimos instintivamente justificando as nossas atitudes para tentar nos defender! Depois, passado algum tempo, afastados da emoção do momento, em melhores condições para refletir, com serenidade, chegamos à conclusão de que a crítica procedia.

O que você precisa aprender é controlar essa reação emocional, tendo em mente que, mesmo sem a certeza de estar amparada em motivos verdadeiros, a crítica não prejudicará você, ao contrário, quem sabe até o beneficie.

Talvez fosse desnecessário dizer que você deverá repelir a crítica quando efetivamente ela o prejudicar. Por exemplo, você não poderá aceitar que alguém de maneira leviana sugira que você não tem honestidade ou é mentiroso.

Outra vantagem de aprender a aceitar a crítica sem reação defensiva é que a pessoa que a formula ficará sem condições de prosseguir com seus argumentos. Por exemplo, se alguém diz que a roupa que você está usando não é a mais indicada para aquela ocasião e de imediato você concordar, dizendo: "Está certo, talvez outra ficasse melhor para este evento", o crítico com certeza se calará diante da sua resposta, sem ter mais o que falar.

Analise as suas reações diante das críticas que recebe e procure mudar de atitude, evitando rebatê-las prontamente. Aceite, desde o início, o comentário ou a sugestão como uma oportunidade de aprendizado e, assim, sem o receio exagerado da crítica, estará se armando de forma mais eficaz para combater o medo.

O contato com os ouvintes antes de falar

Você precisa ver os ouvintes como pessoas dispostas a ouvi-lo e a prestigiá-lo. Uma atitude que poderá aproximá-lo do público é conversar antes com os que estarão no auditório. Esse contato preliminar talvez o deixe mais à vontade pelo fato de você não ter que tratar com estranhos sobre os quais, às vezes, não possui referências. Ao se apresentar, sobretudo no início, quando o nervosismo é maior, poderá dirigir a palavra àqueles com quem conversou e ter, assim, mais segurança.

Conversar antes com os que estarão no auditório aproxima o orador do público.

Além de tornar o público mais conhecido, esse contato antecipado poderá servir para que você descubra informações preciosas que poderiam ser usadas na sua fala, ou, em alguns casos, ao contrário, suprimidas, se constatar que naquele ambiente não seriam apropriadas. Essa estratégia poderá ser mais um recurso para aumentar a confiança e combater o nervosismo.

Embora seja evidente o valor desse procedimento, há alguns poucos oradores que se sentem mais à vontade quando estão diante de pessoas estranhas e, por isso, preferem não manter nenhum contato com os ouvintes antes da apresentação.

Reflita se você não é também um orador com essas características e assim saberá tomar a melhor decisão.

A prática e a experiência com o local

Se puder, visite com antecedência o local onde irá se apresentar e se familiarize com o ambiente, com o tipo e a disposição dos recursos que poderá utilizar.

Verifique como funciona o mecanismo de ajuste do microfone e teste os recursos audiovisuais, atentando para a necessidade de extensões elétricas, claridade da sala, disposição da tela, lâmpadas e todos os detalhes que puder observar.

Dependendo da importância do evento, se for possível, faça um treinamento completo no próprio local onde falará e, de preferência, com os recursos de apoio e as anotações que usará na apresentação para diminuir ao máximo o desconhecido. Nem sempre você terá chances de tomar esses cuidados, mas, havendo oportunidade, é recomendável aproveitá-la. A chance de fazer ensaios no próprio local onde irá se apresentar é mais comum quando o evento ocorre na mesma organização onde atua o orador.

Aproveite todas as oportunidades para praticar.

Na verdade você não deverá observar mecanismos de microfones e recursos audiovisuais apenas quando tiver de fazer uma exposição. Aproveite todas as ocasiões para lidar com esses aparelhos e ficar cada vez mais familiarizado com eles, evitando, assim, dúvidas e surpresas na hora da apresentação.

Use todas as oportunidades para praticar: apresente-se nas reuniões da empresa, em seminários, em salas de aula, na igreja, nos clubes de serviços, enfim, onde tiver a chance de falar. Aproveite para adquirir experiência e fazer da palavra em público uma atividade conhecida.

Às vezes recebo em nosso curso alunos que dizem ter muito medo de falar e, quando pergunto a eles quantas vezes já enfrentaram uma plateia, ouço que muitos só tiveram duas ou três experiências; alguns, nenhuma. Ora, como pretendem ter segurança se, para eles, falar em público constitui uma atividade quase desconhecida?

Não se iluda com o sucesso

Se você obteve sucesso em uma determinada apresentação, aproveite a experiência para se conscientizar de que é capaz de falar em público e se sair bem. Entretanto, não se iluda imaginando que essa conquista obrigatoriamente se repetirá nas apresentações seguintes.

Cada situação deverá ser encarada como um acontecimento novo e diferente. Seu preparo e treinamento precisarão ter o mesmo cuidado e o mesmo empenho que já lhe deram condições de alcançar a vitória. Não negligencie, não espere que os fatos ocorram por si e não conte apenas com a sorte.

Desenvolva o autoconhecimento

Na análise do autoconhecimento serão observados os seguintes itens:

- prepare-se para ficar sozinho;
- robustecendo o orador imaginário;
- o autoconhecimento e a quebra da impessoalidade;
- a confiança independentemente da reação do auditório;
- será que estou tendo um bom desempenho?;
- recursos para desenvolver o autoconhecimento.

Prepare-se para ficar sozinho

Não são muitas as situações em que uma pessoa se sente tão sozinha e contando apenas consigo mesma. O executivo de uma empresa, por exemplo, poderá delegar um texto para ser redigido e depois tomá-lo como sendo seu; poderá pedir que sua equipe prepare todos os cálculos de um projeto e no final apor sua assinatura. Assim, para as mais diferentes tarefas, poderá contar com a ajuda e a colaboração de outras pessoas, mas, na hora de fazer a apresentação, deverá contar apenas consigo mesmo. A não ser que arrume uma desculpa para fugir da obrigação de falar, essa será sua incumbência. Diante do auditório, você, como orador, dependerá só da sua competência e habilidade para conquistar o público e transmitir a mensagem.

Para suportar esse momento solitário, você precisa saber quem é e como as pessoas verdadeiramente o veem. Essa talvez seja a tarefa mais difícil e mais importante do seu aprendizado para combater o medo: o autoconhecimento.

Robustecendo o orador imaginário

Você precisa se conhecer, ter consciência do seu potencial, saber dos seus limites e aprender a identificar suas características e seu estilo de comunicação.

A partir do momento que descobrir suas qualidades de comunicador, tiver conhecimento dos seus aspectos positivos e acreditar no seu potencial, estará também colocando registros positivos em sua mente. Esses registros o ajudarão a valorizar a autoimagem e a robustecer o orador imaginário, que ficará cada vez mais próximo do orador verdadeiro.

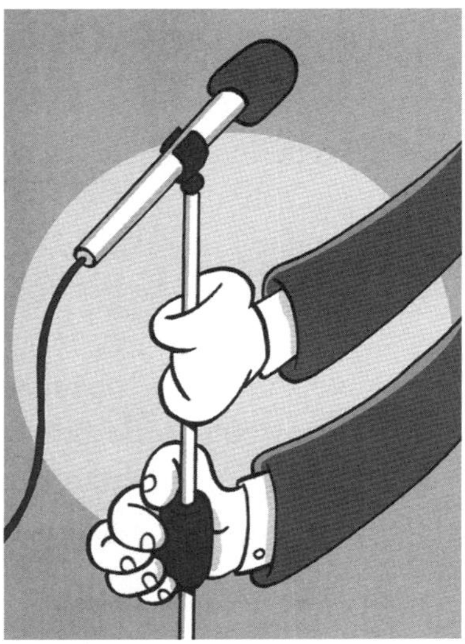

Se a comunicação for deficiente, é natural que você sinta medo de falar, porque sabe que estará projetando uma imagem negativa. Agora, depois de ter aprendido a expressar-se bem, apenas quando o orador imaginário (aquele idealizado em nossa mente) disser que sua comunicação é eficiente, passará a ser confiante, pois de nada adiantaria aplicar corretamente todas as técnicas para falar em público se não acreditasse na boa qualidade de sua expressão verbal.

Assim, você também eliminará suposições que podem deixá-lo inseguro, como, por exemplo: "outro orador faria melhor", "serei precedido ou seguido por outro mais eficiente", e tantas outras dúvidas que podem tirar a sua tranquilidade.

O autoconhecimento e a quebra da impessoalidade

O autoconhecimento o ajudará a romper a impessoalidade que caracteriza as pessoas quando se reúnem para formar o público.

Você já falou diante de uma câmera de televisão ou de vídeo? Se já passou por essa experiência, deve ter sentido uma sensação de desconforto pela falta de alguém reagindo com os olhos, com as contrações faciais, com palavras para perguntar ou responder. Essa impessoalidade da câmera é tão constrangedora e pode afetar tanto a qualidade de uma apresentação que o líder de um partido político costumava colocar alguns correligionários no estúdio de gravação para que os candidatos do seu partido sentissem a energia humana nas suas exposições.

Você poderá sentir na plateia uma impessoalidade semelhante. Às vezes você nem conseguirá observar o público como uma reunião de pessoas: terá a impressão de que os ouvintes se transformaram em uma massa fria e sem emoções, e poderá se sentir impotente para romper essa barreira.

O autoconhecimento permite que você veja os ouvintes em sua individualidade. Sabendo quem é e como o público o está observando, não mergulhará nas dúvidas e incertezas do ambiente e conseguirá, de forma mais rápida, captar e aproveitar a emoção do auditório.

A confiança independentemente da reação do auditório

Algumas pessoas me procuram com uma dúvida que têm dificuldade de resolver: por que, em alguns ambientes, tratando de um determinado assunto, sentem-se tranquilas e confiantes durante toda a apresentação, enquanto em outros, desenvolvendo o mesmo tema, ficam nervosas?

É importante ressaltar que muitos desses oradores possuem comunicação de boa qualidade e que, portanto, o nervosismo não é motivado pela ineficiência da sua oratória.

Depois de analisar todos os fatos que cercaram as circunstâncias das apresentações deles, a resposta quase sempre recaía na mesma causa: esses oradores ainda não tinham um bom conhecimento de si mesmos. Assim, nos locais onde os ouvintes se mostravam receptivos e amistosos, eles ficavam à vontade; nos outros lugares, onde o comportamento da plateia não atendia às expectativas, colocavam-se em situação desconfortável. Isso porque sua confiança estava sempre atrelada à reação do público. Quando os ouvintes não reagiam bem, imediatamente passavam a imaginar que se comportavam assim por causa da sua qualidade como comunicadores e, na suposição de que estavam falando mal, se pressionavam.

Se você enfrenta problema semelhante, depois que se conscientizar de que fala bem, deixará de ficar dependente da reação do auditório. Até nas circunstâncias em que os ouvintes não respondem conforme você espera, deverá estar consciente de que podem agir assim mesmo que a sua comunicação seja boa. Essa certeza de que você tem uma expressão verbal eficiente dará condições de encontrar uma maneira mais apropriada para conquistar a plateia, mudando o enfoque da sua fala de emocional para racional ou vice-versa, revendo a linha de raciocínio inicialmente planejada, adequando melhor a expressão corporal, o vocabulário ou a inflexão da voz, para, assim, atingir o interesse do público e torná-lo receptivo à sua mensagem.

Vamos supor que, mesmo estando seguro por se conhecer bem, ter se preparado não apenas para fazer sua apresentação, como também para responder às possíveis perguntas dos ouvintes, apareça alguém querendo deixá-lo em situação constrangedora. Não tenhamos ilusões, pois sempre haverá o risco de que surja um encrenqueiro na plateia. Aquele que não terá o menor escrúpulo em deixá-lo em situação desconfortável. Você está na frente do grupo tomando todo o cuidado para passar a mensagem da maneira mais correta possível. De repente, vislumbra lá no fundo da sala um braço levantado pronto para fazer uma pergunta.

Só que não se trata apenas de uma pergunta. É alguém aproveitando a oportunidade para aparecer e deixá-lo numa tremenda saia justa. Você respira fundo, conta até dez para não revidar com agressividade, pois poderia fazer papel de antipático em público, e tenta se comportar com tolerância e amabilidade. Entretanto, morre por dentro.

Se existir a mínima possibilidade de que alguém na plateia faça perguntas constrangedoras, corte o risco na raiz. Combine com o público que as perguntas serão respondidas no final. E, como está interessado em atender ao maior número de dúvidas possível, que as questões sejam formuladas por escrito. Assim, juntará os questionamentos semelhantes.

Pronto. Você conseguirá dessa forma responder às perguntas que interessam à maioria e poderá se defender das questões mais capciosas. No momento de ler o questionamento mais agressivo será possível parafrasear o texto e retirar o tom mais contundente. Não deixará de responder à dúvida do ouvinte e se livrará do constrangimento.

Por exemplo, imagine se alguém fizesse a seguinte pergunta: "como você explica a preocupante queda de 20% no faturamento depois que assumiu nossa gerência comercial?". É evidente que o ouvinte não deseja apenas uma resposta. Na verdade, ele está fazendo uma acusação para tentar prejudicá-lo na frente do grupo.

Nesse caso, você poderia dizer: "a questão levantada aqui é sobre a queda nas vendas. Muito boa essa pergunta, pois diante do que ocorreu no mercado nosso resultado foi excelente. Todos sabemos que o setor teve um decréscimo de 30% a 35%. Nós, entretanto, conseguimos segurar em 20%. Um bom resultado, mas que ainda pode ser melhorado. Não é porque o mercado está indo ladeira abaixo que vamos nos contentar com o que conseguimos conquistar. Nosso desafio é ainda maior e vamos nos dedicar para continuar com sucesso cada vez mais destacado. Agradeço muito a oportunidade de poder falar sobre esse nosso desempenho nos últimos meses".

Essa é uma tática que dá bons resultados e poderá livrá-lo de situações embaraçosas. Se, de toda forma, mesmo tendo combinado que as perguntas seriam respondidas no final e por escrito, alguém insistir em fazer perguntas no meio da apresentação, não se submeta à pressão. Com toda a tranquilidade que puder, diga que, conforme haviam combinado, as perguntas serão respondidas no final. Dessa forma você evita confrontos desagradáveis e anula as ações daqueles que só teriam interesse em prejudicar sua apresentação. Esses cuidados aumentam a confiança diante da plateia.

Será que estou tendo um bom desempenho?

Essa é uma angustiante dúvida de quem fala em público. Há situações em que alguns oradores não conseguem interpretar o pensamento do auditório e se perguntam: "Será que estou me apresentando de forma correta?".

Sem a manifestação do público que o observa, você quase nunca tem certeza de estar se saindo bem. Por mais que procure a resposta nas fisionomias dos ouvintes, é difícil interpretá-las corretamente. Em alguns momentos poderá pensar que a maioria das pessoas está alheia; em outros, que não está gostando, com base apenas em suposições. Essa é uma circunstância distinta da que acabamos de analisar no item anterior. Ali você identificava a reação da plateia, enquanto, neste caso, não.

A situação se agrava quando um ou mais ouvintes cochilam, pendendo a cabeça para a frente, para trás ou para os lados, em uma espécie de animada pescaria, ou quando alguém sai da sala, pois você poderá identificar essas atitudes como resultado de uma possível deficiência na sua apresentação.

Com o autoconhecimento desenvolvido, de forma geral essa dúvida deixa de existir: você estará consciente da qualidade de sua comunicação, recebendo de si próprio a resposta para as suas indagações. Assim, interpretará o silêncio do auditório como um sinal de atenção e de interesse, e não de indiferença; se alguém bocejar, imaginará que o ouvinte está com sono ou cansado por causa de uma noite maldormida ou excesso de trabalho, e, se sair da sala, julgará ser por algum compromisso urgente e inadiável. Com essa forma de interpretar, ficará mais seguro diante do público.

Recursos para desenvolver o autoconhecimento

Para desenvolver o autoconhecimento, o mais importante é identificar as qualidades e os pontos positivos da sua comunicação, isto é, aprender a usar corretamente todas as técnicas da expressão verbal, mas também ter consciência de que as está utilizando em suas apresentações.

Todos os recursos disponíveis poderão ser aproveitados no trabalho de desenvolver o autoconhecimento.

Usar um espelho

Este é um meio simples e prático de que você dispõe. Falar na frente de um espelho permitirá que veja a postura, os gestos, o jogo fisionômico, a comunicação dos olhos e tantos outros detalhes da sua expressão verbal.

A grande desvantagem do espelho é que, com a preocupação de observar a sua imagem ao mesmo tempo que estiver falando, perderá bastante da naturalidade e dificilmente conseguirá ficar espontâneo. Entretanto, mesmo com esses inconvenientes, o exercício poderá proporcionar benefícios. Portanto, vale a pena praticar.

Usar um gravador

A maioria das pessoas se assusta quando ouve a própria voz reproduzida por um aparelho de som, principalmente nas primeiras vezes. "Esse não sou eu!", dizem uns. "Nossa, que voz esquisita eu tenho!", reclamam outros. E os mais inconformados afirmam que o aparelho está defeituoso ou fora de rotação. Demoram um pouco até reconhecer que a voz que a vida toda imaginaram ter é diferente daquela ouvida pelas outras pessoas.

Mesmo considerando as possíveis distorções apresentadas pelos aparelhos eletrônicos, quando a voz é gravada, você a ouvirá como as outras pessoas a ouvem. Por isso é importante gravar a própria voz e depois escutá-la atentamente para se familiarizar com o timbre, a sonoridade, a dicção e outros detalhes que em geral são desconhecidos. Dessa forma você se conhecerá melhor, saberá como é ouvido, corrigirá possíveis defeitos e, depois de aperfeiçoá-los, estará em condições de pôr mais esse registro positivo em sua mente.

Como o gravador registrará apenas um aspecto da sua comunicação, a voz, ele só possibilitará que conheça em parte a sua forma de falar. Mesmo assim será um excelente recurso para que você possa se conhecer melhor.

Usar gravação em vídeo

Este é o melhor e mais eficiente recurso de que você poderá se valer para a conquista do autoconhecimento. Com a câmera de vídeo ou com um simples *smartphone*, você poderá se ver exatamente como as outras pessoas o veem. Depois de algumas experiências falando diante de uma câmera, que pode ser inclusive a de um celular ou de um *tablet*, conseguirá um bom nível de naturalidade e aprenderá a se conhecer melhor.

Saberá como é a sua postura, os seus gestos, os diversos movimentos faciais, a velocidade, o ritmo e a cadência de sua fala, a sua dicção, se parece simpático ou não, enfim, como o público o vê de fato.

É lógico que, nesse tipo de treinamento, você deverá ter o cuidado de observar e corrigir as suas falhas de comunicação. Porém, muito mais importante que ficar criticando a própria apresentação é se esforçar para identificar os aspectos positivos que possui como orador. Convém até estabelecer um critério: em determinadas projeções dos exercícios, só procure qualidades, pontos fortes e o tipo de técnica que está aplicando corretamente. Assim, estará se conhecendo também pelos bons aspectos e, como consequência, aumentando sua autoconfiança como orador.

Fique bem atento a esse objetivo do seu treinamento, porque a tendência da maioria das pessoas é sempre identificar apenas os aspectos negativos da própria comunicação, valorizando desnecessariamente qualquer deslize cometido. Esse comportamento crítico negativo não o ajudará; muito ao contrário, só prejudicará seu desenvolvimento e o deixará ainda mais inseguro.

Uma experiência interessante e muito útil é gravar a apresentação real diante do público. Ao assistir à gravação, perceberá que as dúvidas e hesitações para as quais dá uma importância exagerada, surpreendentemente, na grande maioria das vezes, passam despercebidas.

Os exercícios com o uso de vídeo podem, com o tempo, se tornar cansativos e desestimulantes para quem estuda oratória. Se isso ocorrer com você, resista, seja insistente, alterne exercícios com a câmera e exercícios na frente de um espelho, ou até sem nenhum desses recursos em determinados momentos. Seja perseverante e não se arrependerá.

Valer-se de um amigo

Será muito difícil encontrar uma pessoa que tenha conhecimentos de oratória e habilidade para avaliar de maneira correta o emprego de técnicas adequadas de comunicação. Se você tiver um conhecido assim, solicite ajuda e, desde que ele seja sincero, peça para comentar sempre as suas qualidades e os progressos que está conquistando. Posso adiantar que as pessoas mais próximas, como esposa, marido, pais, filhos, irmãos, de maneira geral são as menos indicadas para ajudar nesses exercícios, pois a maioria é crítica e, com a intenção de ajudar, só observa os erros e defeitos.

Quando as mulheres passaram a dirigir automóveis, recorriam aos maridos, que eram motoristas experientes, para tomar as aulas de direção, e se arrependiam. Na primeira barbeiragem ouviam toda a sorte de críticas que as desestimulavam e as obrigavam a recorrer a um instrutor de autoescola, mais paciente. Hoje são elas que acabam ensinando os homens com seu exemplo de boas motoristas. Mas, atualmente, até as mulheres que no passado sofreram com os maridos ranzinzas, quando tiveram de aprender a dar as primeiras aceleradas, ficam impacientes quando precisam ensinar o bê-á-bá do trânsito a uma pessoa mais próxima. É mais uma prova de que gente muito chegada nem sempre ajuda.

A não ser que o parente seja uma exceção, prefira recorrer aos comentários de um amigo sobre as qualidades de comunicador que você tem, pois provavelmente ele terá mais paciência e será mais sincero.

Quando a pessoa é tímida, a correção dos defeitos feita de maneira abrupta pode levá-la a se retrair ainda mais. Somente a demonstração verdadeira de afeto e carinho poderá ajudá-la a se motivar para a busca da superação.

Raul Briquet[5], na conferência que realizou na Associação dos Médicos de Santos sobre a timidez, afirma que a timidez pode ser motora, intelectual e afetiva.

Ao conceituar a timidez na forma motora, Briquet destaca que "o indivíduo é incapaz de executar certos atos e movimentos, e, se os faz, é de modo desajeitado e inábil; por vezes, eleva, concomitantemente, a voz e descontrola-se".

Já para explicar a timidez na forma intelectual, o conferencista descreve que nesse caso "nota-se o embotamento mental em que não fixa atenção pela precária adaptação à realidade. As ideias são desconexas e não obedecem à diretriz segura; o trabalho cerebral é moroso e infrutífero. O tímido

[5] BRIQUET, Raul. *Palestras e conferências*. São Paulo: Atlas, 1944, p. 199-200.

receia a opinião alheia no terreno dos fatos, e a dispensa no que toca ao pensamento".

Finalmente, ao tratar da timidez na forma afetiva, o renomado médico pondera que, nessa situação, o tímido "não vibra, não transmite, não irradia. Não se empolga nem se comove com o momento que passa; não ressente emoção maior, porque vive abstraído".

Em vista dessas reflexões sobre as três formas de timidez, a conclusão do autor é a de que "o tímido só capitula ante o carinho persistente. Ninguém mais receptivo à palavra que abonança, e mais generoso para quem lhe estenda a mão amiga, e nenhum coração mais transbordante quando nele se acenda a chama do afeto".

Por isso, a escolha da pessoa certa para ajudá-lo nessa empreitada é fundamental. Aquele que só aponta o defeito e se preocupa em corrigir os erros, embora bem-intencionado, não contribuirá com seu crescimento. Ao contrário, o mais certo é que atrapalhe e diminua ainda mais sua autoconfiança.

Fazer um curso de expressão verbal

Sem dúvida essa é a melhor de todas as ajudas de que você poderá se valer. Um bom curso de expressão verbal, que conte com professores competentes e tenha como filosofia didática mostrar, nos treinamentos, em que os alunos estão se saindo bem e quais os progressos conseguidos a cada aula, poderá em pouco tempo desenvolver em você toda a base de comunicação necessária para um bom orador, ajudando-o, assim, na busca do autoconhecimento e da confiança para falar diante de qualquer plateia.

Uma boa forma de acertar no curso mais apropriado é pedir referências a quem tenha passado pela experiência como aluno.

Aperfeiçoe e desenvolva qualidades da sua comunicação

É evidente que não bastará se limitar às observações das qualidades da sua oratória sem se preocupar com elas ou sem se dedicar ao desenvolvimento que elas exigem.

Se, por exemplo, você possui uma boa gesticulação, é importante analisar de que maneira esse aspecto da sua comunicação poderia ser aperfeiçoado ainda mais e como seria possível aproveitá-lo de forma mais eficiente. A consciência de que sua comunicação foi aprimorada lhe dará condições de aproveitar melhor seu autoconhecimento e conquistar muito mais confiança para falar em público.

Para facilitar a análise, vou descrever alguns cuidados básicos que você deverá ter com os aspectos mais importantes da sua comunicação.

Com a voz

O nervosismo poderá deixar sua voz hesitante, abafada, enroscada na garganta. Quando alguém é tomado pelo medo de falar em público, um dos primeiros sinais é dado pela voz.

Se você souber usar bem a sua voz, poderá fazer com que ela deixe de ser a identificação da sua insegurança e passe a atuar como um apoio importante para que o seu autoconhecimento seja ainda mais positivo. É um recurso fundamental para ajudá-lo a se apresentar em público com confiança.

Os itens mais relevantes com relação à voz são a dicção, o volume, a velocidade e o ritmo.

Dicção — É a pronúncia dos sons das palavras. Se você tiver dicção defeituosa ou dúvidas de que está pronunciando de maneira correta os sons das palavras, provavelmente irá se sentir inseguro para falar em público.

De maneira geral, quando uma pessoa está insegura, a tendência é a de que "engula" alguns sons, chegando até mesmo, em alguns casos, a suprimir sílabas inteiras. Mesmo que não esteja muito à vontade, procure pronunciar a palavra toda, de forma clara e compreensível.

Alguns exercícios simples poderão melhorar muito sua dicção e torná-lo mais confiante ao se apresentar diante da plateia. Além de aprimorar a dicção, esses exercícios o ajudarão a desenvolver sua capacidade de respiração.

Faça exercícios de dicção.

Com um obstáculo na boca (dedo, lápis, um pedaço de rolha), leia trechos de livros, jornais ou revistas, fazendo o possível para pronunciar os sons das palavras da maneira mais clara que puder. Segure o obstáculo com os dentes, sem forçar muito, o suficiente apenas para que não se solte. Se usar o dedo, será mais fácil exercitar com o indicador dobrado, de modo que a palma da mão fique voltada para fora, preso entre os dentes. Se você fizer esse exercício com frequência, alguns poucos minutos por dia, em pouco tempo sentirá mais facilidade para pronunciar as palavras. Desenvolvendo bem a dicção, ficará consciente de que as pessoas o compreendem com facilidade e de que está se valendo de um recurso que demonstra seu preparo e sua boa formação. Saber que possui essa qualidade é importante para ajudá-lo a combater o medo de falar em público.

Volume — Se você falar muito baixo, para dentro, como se diz vulgarmente, além de dificultar a compreensão dos ouvintes, demonstrará que não está à vontade diante das pessoas. Se, ao contrário, falar muito alto, correrá o risco de irritar a plateia e poderá passar a imagem de alguém desestabilizado. Por isso, treine o melhor volume de voz em ambientes diferentes, para saber como se comportar de forma adequada em cada circunstância. Sabendo que o volume da sua voz é apropriado para a apresentação, terá um ponto a mais para reforçar sua tranquilidade diante do público. Esses cuidados valem também quando precisar falar com o auxílio de um microfone. Como esse aparelho geralmente intimida os oradores mais inexperientes — se não souberem como usá-lo com segurança —, quando você tiver oportunidade, como já sugeri, faça treinamentos com os diferentes tipos: com aqueles colocados em pedestal, com os de mão, de lapela etc. O fato de saber usar o microfone com desenvoltura demonstrará experiência, segurança, e você se sentirá mais confortável já no início da apresentação.

Com relação ao volume de voz, há ainda dois fatores fundamentais para que você se sinta mais seguro e aumente as chances de sucesso em uma apresentação: boa noite de sono e retorno do som.

Se você dormir mal, poderá falar com voz cansada, debilitada, e não explorar o aparelho fonador na sua plenitude. Correrá o risco de apresentar falta de sincronismo fonor-respiratório — ou seja, começar a falar quando ainda está inspirando ou continuar falando quando estiver quase sem ar.

Se você não tiver bom retorno do som, não ouvirá bem a própria voz e se obrigará a falar mais alto do que deveria. Terá a impressão de que precisará aumentar cada vez mais o volume para que a voz alcance os ouvintes localizados no fundo da sala. Provavelmente ficará rouco.

Nem sempre, entretanto, será possível dormir bem antes de falar, nem contar com salas com boa acústica, que proporcionem retorno adequado. No primeiro caso, se não puder dormir bem, pelo menos procure descansar da melhor maneira que puder para que a voz tenha mais consistência. Se, antes de se apresentar em público, você conseguir evitar conversas longas pelo telefone ou diálogos em lugares barulhentos, já ajuda bastante.

Para ter retorno de melhor qualidade, procure chegar antes ao local da apresentação e estudar o ambiente. Às vezes o fato de girar um pouco a caixa de som para a direção do palco pode resolver. Se não puder chegar com antecedência, oriente alguém de sua confiança para cuidar desse detalhe.

Se tiver de falar sem microfone em uma sala de reunião, avalie o melhor local para se posicionar. Trocar o lado de onde deveria falar pode ser uma boa solução em muitos casos. Como nem sempre é recomendável fazer teste de som nos ambientes corporativos, posicione-se em diferentes locais e teste a acústica falando como se estivesse conversando naturalmente com as pessoas presentes.

Esses cuidados tão simples com a voz são fundamentais para dar ainda mais segurança na hora de falar em público.

Velocidade — Quando uma pessoa está nervosa, tem a tendência de acelerar a fala para afastar o desconforto das pausas e do silêncio. Também pode ocorrer o contrário: o nervosismo pode dificultar o raciocínio e prejudicar a sequência da exposição, forçando pausas excessivamente prolongadas e o aparecimento dos irritantes "ããã". Embora cada pessoa deva ter a velocidade própria, de acordo com sua emoção, dicção e sentimento da mensagem, falar muito devagar ou muito depressa por causa do nervosismo poderá prejudicar a imagem de quem se apresenta em público. Por esse motivo, observe bem sua velocidade normal quando estiver conversando naturalmente com alguém no seu dia a dia. Essa velocidade usada na sua comunicação cotidiana, um pouco mais rápida, para demonstrar interesse e envolvimento pelo assunto, com as alterações exigidas em cada circunstância, é a que você deverá perseguir em suas apresentações. Se você já fala rápido nas conversas do dia a dia, não acelere ainda mais quando estiver diante da plateia. Saber que faz uso dessa velocidade apropriada para o seu estilo e suas características o deixará mais seguro para se apresentar em público.

Ritmo — Quem se apresenta a maior parte do tempo com o mesmo volume de voz e a mesma velocidade da fala, em um tom monótono e monocórdio, é, na maioria das vezes, desagradável para os ouvintes. Para que as suas apresentações sejam mais estimulantes, fale alternando estes dois itens: ora com velocidade mais rápida, ora mais devagar; em determinados momentos, com volume mais alto; em outros, mais baixo. Fazer leitura de poesias em voz alta ajuda a aperfeiçoar o ritmo. Trabalhe para desenvolver cada vez mais esse aspecto positivo na sua comunicação e para adquirir outro ponto importante para a segurança das suas apresentações.

Independentemente da beleza da sua voz, o aprimoramento de todos esses itens proporcionará personalidade a ela, fará com que suas apresentações sejam realizadas com maior eficiência e lhe deem confiança para falar em público.

Se, por acaso, sua voz apresentar algum problema mais sério, consulte um fonoaudiólogo para fazer uma avaliação correta.

Com o vocabulário

Os itens de maior importância com relação ao vocabulário são a amplitude, a propriedade e a qualidade.

A falta de palavras para identificar de maneira apropriada o pensamento ou o uso inadequado de termos e expressões na construção das frases podem prejudicar não só a compreensão da mensagem como também a imagem do orador. De maneira geral, as pessoas possuem um bom vocabulário no seu dia a dia para as conversas informais. Entretanto, quando se apresentam em situações mais formais, procuram se expressar com palavras diferentes daquelas que estão acostumadas a usar no seu cotidiano e perdem a eficiência.

Sempre que puder, procure usar, em sua apresentação, as palavras que compõem seu vocabulário nas situações mais informais e observe como elas serão suficientes para transmitir sua mensagem. Tome cuidado para adaptar sua forma de falar de acordo com a exigência da circunstância, usando vocabulário adequado para as atividades acadêmicas, profissionais, sociais etc.

Aperfeiçoe e amplie seu vocabulário lendo com atenção diferentes textos, assinalando as palavras que desconhece e tirando as dúvidas com o auxílio de um dicionário. Aproveite as oportunidades para incluir os novos termos aprendidos em suas conversas e redações, para que eles se incorporem naturalmente à sua comunicação.

Ao se conscientizar de que seu vocabulário possui amplitude e pode ser adaptado aos mais diferentes tipos de apresentação, adicionará mais um importante reforço para afastar o medo de falar em público.

Com a expressão corporal

Todos os aspectos da comunicação podem denunciar o nervosismo do orador, mas os dois que revelam a insegurança com maior evidência são a voz e a expressão corporal. A voz, por todos os sinais que você acabou de ver. A expressão corporal, porque o medo do orador pode ser observado pela maneira como procura se proteger com as mãos, faz o gesto e volta com precipitação à posição de apoio, foge com os olhos, movimenta desordenadamente as pernas, sua, fica vermelho, pálido, mantém o semblante contraído, enfim, o comportamento do corpo denuncia quando o orador está intimidado diante da plateia.

Anthony Giddens, na obra *Modernidade e identidade*, afirma que "aprender a tornar-se um agente competente – capaz de se juntar aos outros em bases iguais na produção e reprodução de relações sociais – é ser capaz de exercer um monitoramento contínuo e bem-sucedido da face e do corpo"[6].

Deduz-se, portanto, que para o indivíduo se sentir competente precisa manter o domínio sobre o corpo em todas as situações sociais. O autor afirma ainda que "ser um agente

[6] GIDDENS, Anthony. *Modernidade e identidade*. Rio de Janeiro: Zahar, 2002, p. 57.

competente significa não só manter tal controle contínuo, mas ser percebido pelos outros quando o faz".

Se, por acaso, a primeira condição não puder ser atendida, ou seja, a pessoa não conseguir manter o controle do corpo, ela perderá sua proteção, e sua confiança básica será ameaçada. Consequentemente, a segunda condição será afetada, pois os outros perceberão este descontrole e poderão desconfiar da sua competência. Assim, é fundamental que domine suas ações para ser visto como uma pessoa segura e confiante.

Por isso, dê atenção especial à sua postura e gesticulação, especialmente se fizer exercícios com a ajuda de uma câmera de vídeo, que é um dos recursos mais úteis para o aprimoramento da expressão corporal. Aprenda a olhar para a plateia girando com calma o corpo para a esquerda ou para a direita, à medida que dirigir a comunicação visual para um lado ou outro do auditório; alterne os gestos e a posição de apoio para que os movimentos não sejam repetitivos: ao gesticular, tenha paciência e não volte de maneira precipitada à posição de apoio, segure o gesto até completar a informação; posicione-se de maneira equilibrada sobre as duas pernas, evitando se apoiar ora sobre uma, ora sobre a outra com muita frequência; descontraia o semblante e use a fisionomia para interpretar bem o sentimento da mensagem.

Ao perceber que sua postura é elegante e sua gesticulação harmoniosa, irá se sentir mais tranquilo e creditará mais um item positivo para o seu autoconhecimento.

Ainda a respeito da comunicação visual, fique atento para um fenômeno curioso, que ocorre especialmente quando nos sentimos inseguros diante do público. Há dois tipos de ouvintes que podem atrapalhar muito a apresentação: aquele que se mostra hostil, balançando negativamente a cabeça e fazendo caretas de desaprovação, e o bonzinho, que está sempre concordando com o orador, acenando com o sim de aprovação.

No primeiro caso, aquele que nos intimida com sua reação negativa acaba nos prejudicando porque ficamos tentados a olhar o tempo todo somente em sua direção, na esperança de que ele possa mudar de atitude, e perdemos assim o contato com os outros ouvintes. Na outra hipótese, aquele que nos dá retorno positivo, por incrível que pareça, também pode comprometer o resultado do nosso desempenho, pois, como temos do ouvinte a concordância a tudo o que dizemos, talvez fiquemos "escravos" da sua simpatia. Afinal, já que ele emite sinais de aprovação, acabamos olhando só na direção dele e nos esquecemos de que existe toda uma plateia, quem sabe tão interessada quanto ele, que demonstra atenção excessiva.

Portanto, não caia nessa armadilha. Evite olhar a maior parte do tempo para o ouvinte hostil com a intenção de fazê-lo mudar de opinião, e também não olhe muito para a pessoa amistosa só porque sentiu o conforto do seu consentimento.

Para o caso de você se deparar com um ouvinte que reage de maneira negativa, uma boa solução é não olhar diretamente nos olhos da pessoa, mas sim um pouco acima, na testa. Dessa forma, evitará um confronto direto e desnecessário.

Esses são alguns aspectos técnicos que você poderá observar e aperfeiçoar na sua comunicação. Com certeza você possui muitos outros que são peculiares à sua maneira de falar, como humor, presença de espírito, jeito para contar histórias interessantes, fazer imitações, contar piadas, e que poderão ser usados com sucesso diante do público. Para combater o medo de falar em público é fundamental que aprenda a identificar esses seus bons aspectos para que encontre segurança a partir do autoconhecimento positivo.

Wilhelm Reich, na obra *Análise do caráter*, afirma que a linguagem humana "interfere na linguagem da face e do corpo". Por isso, a "expressão total de um organismo" deve ser "literalmente idêntica à impressão total que o organismo provoca em nós"[7]. E complementa esclarecendo que "compreendemos os movimentos expressivos e a expressão emocional de outro organismo vivo com base na identidade entre nossas próprias emoções e as de todos os seres vivos".[8]

Para combater as causas específicas do medo de falar em público, você viu que:

- é importante conhecer e dominar o assunto com a maior profundidade possível, sabendo mais sobre o tema do que deverá usar na apresentação;
- precisará ter prática e experiência no uso da palavra em público, sabendo como se comportar diante da plateia, para que essa atividade não lhe seja desconhecida;
- é fundamental conhecer-se bem, especialmente identificando os aspectos positivos e as qualidades da sua comunicação, pois com esse autoconhecimento positivo irá combater o medo e passará a falar com mais confiança.

[7] REICH, Wilhelm. *Análise do caráter*. São Paulo: Martins Fontes, 1988, p. 335.
[8] Ibid., p. 353.

OBSERVAÇÕES FINAIS

Tenho consciência de que não é fácil destruir o fantasma do medo de falar, mas aquilo que foi comentado desde o princípio é verdadeiro: mesmo sendo difícil, é sempre possível dominá-lo. Os milhares de exemplos estão aí à nossa frente.

Releia tudo sobre o medo de falar em público quantas vezes forem necessárias. Reflita sobre cada tópico, levante as causas do seu medo e faça os exercícios recomendados para cada uma delas.

Ainda que não se sinta totalmente confiante, ou até nos momentos em que esteja com muito receio de falar diante das pessoas, resista à tentação de fugir e enfrente a situação. Essa prática será fundamental para que gradativamente vá encontrando a segurança e o desembaraço de que precisa para falar em público com muito mais desenvoltura. Toda essa conquista dependerá apenas de você.

Por isso, não desanime diante das primeiras dificuldades – elas sempre existirão. Aprenda a superá-las, vença o medo, seja vitorioso e, com certeza, será uma pessoa mais feliz.

RESUMO

Para conhecer as causas do medo de falar em público e saber como combatê-las

1. **Um dos maiores medos**
   Falar em público é um dos maiores medos do ser humano.
2. **O medo de falar em público**
   Sentimos medo de tudo o que possa nos prejudicar no plano afetivo, no papel das relações hierárquicas ou na luta pelo sucesso.
   O fato de não nos sairmos bem em uma apresentação pode nos prejudicar; logo, a possibilidade de que isso ocorra provocará o medo.
3. **Causas do medo de falar em público:**
   — não conhecer o assunto com profundidade;
   — não ter prática ou experiência;
   — não se conhecer bem;

   Pode ocorrer também:
   — o círculo vicioso do medo: o orador fica com medo de sentir medo.
4. **Para vencer o medo de falar em público,** você deve:
   — analisar as causas do seu medo;
   — não eliminar o nervosismo, mas transformá-lo em energia positiva para dar emoção à fala;
   — elevar a autoestima, enfatizando os pontos positivos que você tem e suas potencialidades;

— condicionar seu corpo a exercícios de relaxamento;
— iniciar a apresentação falando com menos volume de voz, de forma mais lenta e com emoção moderada.

5. **Para combater as causas específicas do medo,** você deve:
   — estudar o assunto com profundidade;
   — praticar e adquirir experiência, levando em conta que é necessário:
   - estudar as características do público e as formas adequadas de tratá-lo;
   - analisar se as críticas recebidas procedem;
   - aproveitar as oportunidades para falar;
   - familiarizar-se com o local e a aparelhagem antes das apresentações;
   - manter contato com os ouvintes antes de falar;
   - trabalhar arduamente antes de cada apresentação;

   — desenvolver o autoconhecimento, com o qual você:
   - robustece o orador imaginário;
   - passa a ter mais confiança em si mesmo;
   - deixa de ficar dependente da reação do auditório;
   - capta e aproveita a emoção do público.

6. **Para desenvolver o autoconhecimento,** você poderá:
   — usar um espelho, um gravador ou uma câmera de vídeo;
   — valer-se de um amigo;
   — fazer um curso de expressão verbal.

TESTE

Veja até que ponto o medo de falar em público afeta sua vida

Para algumas pessoas, o desconforto de falar em público chega a prejudicar o desenvolvimento da carreira e o relacionamento social. Para outras, ao contrário, o medo se transforma em estímulo para enfrentar desafios, superar metas e conquistar vitórias.

Faça o teste a seguir para descobrir até que ponto o medo de falar afeta sua vida e saiba o que fazer para transformá-lo em poderoso aliado.

Responda com sinceridade e escolha apenas uma alternativa de cada questão:

1. Quando você é convidado para falar em público:

a) Fica muito nervoso, mas aceita o desafio.

b) Recusa o convite ou dá uma desculpa para fugir da situação.

c) Aceita sem hesitar e sente prazer em falar.

2. Quando você fala em público:

a) Não consegue disfarçar o nervosismo e o público percebe seu descontrole emocional.

b) Sente nervosismo, mas não deixa os ouvintes perceberem.

c) Fica bem à vontade, sem nenhum tipo de desconforto.

3. **Diante da plateia, você:**

a) Usa a descarga natural de adrenalina para falar com mais emoção e envolvimento.

b) Fica com palpitação, a fala acelerada, as mãos suadas, mas consegue falar o que precisa.

c) Sente-se tão nervoso que perde o raciocínio e não consegue disfarçar o tremor da voz.

4. **Se tiver de ler em público, você:**

a) Não consegue evitar o tremor das mãos e o público percebe as folhas de papel balançarem.

b) Mesmo nervoso, consegue controlar as folhas de papel e disfarçar o desconforto.

c) Não fica nervoso e lê com segurança e naturalidade.

5. **Ao participar de uma reunião importante, você:**

a) Só fala se for muito necessário.

b) Sempre fica quieto, mesmo quando poderia se manifestar.

c) Toma a iniciativa de se manifestar sempre que pode colaborar.

6. **Se os ouvintes tiverem posição hierárquica importante, você:**

a) Fala com segurança como se estivesse diante dos seus pares ou subordinados.

b) Fica tão nervoso que não consegue expor suas ideias.

c) Sente um pouco mais de desconforto, mas consegue se controlar.

7. **Ao falar em público, você:**

a) Se expressa com naturalidade, como se estivesse conversando com amigos e familiares.

b) Fica afetado, artificial.

c) Fala com certa segurança, mas perde um pouco a naturalidade.

8. Nos encontros sociais com pessoas desconhecidas, você:

a) Conversa se fizerem alguma pergunta, mas não se sente tão à vontade.
b) Procura se afastar e evita qualquer tipo de conversa.
c) Conversa como se estivesse com velhos amigos.

9. Em reuniões com muitas pessoas ou diante de uma plateia, você:

a) Tem dificuldade para soltar a voz e os outros sempre perguntam o que acabou de dizer.
b) Fala baixo, mas consegue ser compreendido.
c) Fala com bom volume de voz, sem ser agressivo, e todos conseguem ouvi-lo com facilidade.

10. Com o passar do tempo, você:

a) Não melhorou nem piorou sua segurança para falar, mas gostaria de ser mais confiante.
b) Melhorou muito e se sente mais confiante e seguro para falar em público.
c) Tem se sentido cada vez mais inibido e desconfortável para falar em público.

RESPOSTAS

PERGUNTAS	A	B	C
1	3	1	5
2	1	3	5
3	5	3	1
4	1	3	5
5	3	1	5
6	5	1	3
7	5	1	3
8	3	1	5
9	1	3	5
10	3	5	1

Resultados

De 45 pontos para cima

Excelente! Você é uma pessoa segura e muito confiante. Sua tranquilidade para falar em público e se relacionar com as pessoas se constitui em excelente vantagem e vai ajudá-lo a continuar se desenvolvendo em suas atividades. Lembre-se, entretanto, de que a confiança só será atributo positivo se você se importar com os ouvintes e continuar se preparando sobre os temas de suas apresentações.

De 39 a 44 pontos

Bom! Você consegue dominar bem o nervosismo e sabe como projetar a imagem de uma pessoa confiante. Com esse controle sempre se sairá muito bem para falar em público. Sua tranquilidade permitirá que encontre saídas mesmo diante de situações de muita pressão.

De 30 a 38 pontos

Razoável. Seu nervosismo pode vir a comprometer o resultado de suas apresentações. Você precisa se dedicar bastante para desenvolver um comportamento mais confiante. Para isso, conheça sempre com profundidade o assunto. Saiba como organizar o pensamento com começo, meio e fim. Pratique bastante, aproveitando todas as oportunidades para falar em público. Descubra seus aspectos positivos na comunicação – se tem boa voz, se sabe contar histórias, se possui postura elegante, presença de espírito etc.

De 0 a 29 pontos

Fraco. Você é muito nervoso. Seu medo de falar em público poderá prejudicar sua carreira e até o relacionamento com amigos e familiares. Procure com urgência um bom curso de oratória para encontrar a confiança de que precisa para se apresentar diante das pessoas. Embora sua situação seja delicada, se for aplicado, com certeza conseguirá vencer esse desafio.

EXERCÍCIOS DE FIXAÇÃO

Responda as questões a seguir:

1. De acordo com as pesquisas, entre os maiores medos do ser humano, como está classificado o medo de falar em público?

2. Além de querer, ou precisar, o que mais é necessário fazer para acabar com o medo de falar em público?

3. Se muitos oradores renomados confessam que ainda hoje sentem medo de falar em público, por que ele não atrapalha a boa apresentação que têm diante da plateia?

4. Por que nosso organismo libera adrenalina quando estamos com medo?

5. Mencione alguns sintomas físicos do medo.

6. Por que sentimos medo? E por que sentimos medo de falar em público?

7. Por que muitos oradores experimentam uma espécie de círculo vicioso do medo?

8. Em que residem as causas do medo de falar em público?

9. Mencione três preocupações que você, como orador, pode ter quando não conhece o assunto com profundidade.

10. Como o orador imaginário é construído?

11. Por que é importante não eliminar o medo completamente?

12. Pensar positivamente é fundamental para você combater o medo. Cite duas atitudes que podem ajudá-lo a conseguir isso.

13. Por que o medo de parecer nervoso não deve preocupar tanto você como orador?

14. Por que é importante ir devagar no início de uma apresentação?

15. Com que tipo de exercício você poderá conseguir um bom condicionamento físico para a descontração?

16 Que tipo de benefício o conhecimento adicional sobre o assunto pode trazer para você como orador?

17. Por que é tão importante encontrar um campo de neutralidade quando você deseja envolver o auditório e quebrar sua hostilidade?

18. De quem é a culpa de o público ficar apático ou desinteressado? O que deve ser feito?

19. Como você deve se comportar diante de uma crítica?

20. O que um contato com o público antes do momento da apresentação pode significar para você?

21. Qual a vantagem de você visitar antecipadamente o local onde se apresentará?

22. Qual o benefício da prática no combate ao medo de falar?

23. Por que o sucesso não gera necessariamente sucesso quando se trata de falar em público?

24. Por que a frase “Prepare-se para ficar sozinho” se aplica tão bem àquele que vai falar em público?

25. O que ajudará a valorizar a autoimagem e a robustecer o orador imaginário?

26. Quando a sua confiança como orador não depende da reação do auditório?

27. Que recursos poderão ser aproveitados no trabalho de desenvolver o autoconhecimento?

28. Quais as vantagens e desvantagens de se usar um espelho?

29. Quais as vantagens de usar uma câmera de vídeo?

30. Que cuidados devem ser tomados quando você pedir que um amigo o critique?

RESPOSTAS DOS EXERCÍCIOS DE FIXAÇÃO

1. De acordo com as pesquisas, entre os maiores medos do ser humano, como está classificado o medo de falar em público?

   Está classificado entre os primeiros.

2. Além de querer, ou precisar, o que mais é necessário fazer para acabar com o medo de falar em público?

   É preciso também trabalhar arduamente na conquista desse objetivo.

3. Se muitos oradores renomados confessam que ainda hoje sentem medo de falar em público, por que ele não atrapalha a boa apresentação que têm diante da plateia?

   Porque eles aprenderam a conhecer o medo e a lidar bem com ele: transformaram-no de inimigo em importante aliado para a comunicação.

4. Por que nosso organismo libera adrenalina quando estamos com medo?

   Para nos fortalecer diante de algo que possa nos prejudicar.

5. Mencione alguns sintomas físicos do medo.

   - A voz sai trêmula e hesitante.
   - As palavras saem truncadas ou rápido demais.
   - Os movimentos dos braços e das pernas se descontrolam.

6. Por que sentimos medo? E por que sentimos medo de falar em público?

   Sentimos medo de algo real ou imaginário que possa nos prejudicar. Por isso, tememos o desconhecido. Ora, se o fato de não nos sairmos bem em uma apresentação pode nos prejudicar, a possibilidade de que isso ocorra provocará o medo.

7. Por que muitos oradores experimentam uma espécie de círculo vicioso do medo?

   Como não queremos demonstrar nervosismo diante dos ouvintes, pois assim pareceremos vulneráveis e enfraquecidos, a possibilidade de que isso possa ocorrer transforma-se em uma causa do medo, que, por sua vez, provoca o nervosismo e, assim, em um círculo vicioso, o medo e o nervosismo ficam atuando simultaneamente como causa e efeito, isto é, ficamos com medo de sentir medo.

8. Em que residem as causas do medo de falar em público?

   Em não conhecer o assunto, não ter prática ou experiência de falar e em não se conhecer.

9. Mencione três preocupações que você, como orador, pode ter quando não conhece o assunto com profundidade.

   - Esquecer ou suprimir algum dado importante.
   - Trocar informações indevidamente.
   - Duvidar da qualidade do material.

10. Como o orador imaginário é construído?

    Os acontecimentos ruins de nossa vida associam-se com as boas lembranças e ficam registrados em nossa mente. Como consequência, constroem uma autoimagem distorcida, quase sempre negativa e muito deteriorada, diferente da imagem verdadeira. O orador imaginário se forma com base nessa autoimagem falsa e distorcida.

11. Por que é importante não eliminar o medo completamente?

Porque, quando o medo é controlado, o nervosismo que ele produz é bastante moderado e transforma-se em preciosa energia positiva para a comunicação. Essa energia positiva pode ser canalizada para a vibração, o entusiasmo e a emoção da fala.

12. Pensar positivamente é fundamental para você combater o medo. Cite duas atitudes que podem ajudá-lo a conseguir isso.

- Produzir um filme de sucesso em minha mente, na qual eu seja bem-sucedido diante do público.
- Fazer minha autoestima trabalhar para mim, recordando aspectos positivos da minha vida.

13. Por que o medo de parecer nervoso não deve preocupar tanto você como orador?

O nervosismo nem sempre é percebido pelo auditório, ou, pelo menos, não chega a ser notado com a mesma intensidade que eu sinto quando falo.

14. Por que é importante ir devagar no início de uma apresentação?

Porque esse cuidado impede que a ansiedade seja percebida pelo auditório e contribui para antecipar a conquista da segurança e da fala mais confiante.

15. Com que tipo de exercício você poderá conseguir um bom condicionamento físico para a descontração?

Com exercícios de relaxamento.

16. Que tipo de benefício o conhecimento adicional sobre o assunto pode trazer para você como orador?

O conhecimento adicional sobre o assunto aumentará a minha confiança.

17. Por que é tão importante encontrar um campo de neutralidade quando você deseja envolver o auditório e quebrar sua hostilidade?

Ao tocar nos aspectos com os quais concordo com o auditório, mostro aos ouvintes que não sou seu opositor e, dessa forma, poderei tentar persuadi-los do meu ponto de vista.

18. De quem é a culpa de o público ficar apático ou desinteressado? O que deve ser feito?

A culpa será, antes de tudo, minha como orador. Para quebrar a apatia, devo associar o meu assunto com os aspectos que estejam ligados ao campo de interesse do auditório: sua cultura, sua história, sua realidade, seus sonhos e ideais.

19. Como você deve se comportar diante de uma crítica?

Desde que a crítica proceda, deverei aprender a aproveitá-la para o meu desenvolvimento e progresso.

20. O que um contato com o público antes do momento da apresentação pode significar para você?

Esse contato preliminar talvez me deixe mais à vontade pelo fato de não ter que tratar com estranhos sobre os quais, às vezes, não possuo referências. Também poderei aproveitar, para minha apresentação, as informações que me são passadas.

21. Qual a vantagem de você visitar antecipadamente o local onde se apresentará?

Isso eliminará o máximo possível de elementos desconhecidos da apresentação e, assim, ficarei mais confiante.

22. Qual o benefício da prática no combate ao medo de falar?

Ela faz da palavra em público uma atividade conhecida.

23. Por que o sucesso não gera necessariamente sucesso quando se trata de falar em público?

Porque cada apresentação é única e exige sempre o mesmo cuidado com a preparação.

24. Por que a frase "Prepare-se para ficar sozinho" se aplica tão bem àquele que vai falar em público?

Porque diante do auditório o orador contará apenas com a própria competência e habilidade para conquistar o público e transmitir a mensagem.

25. O que ajudará a valorizar a autoimagem e a robustecer o orador imaginário?

A partir do momento em que descobrir minhas qualidades de comunicador, tiver conhecimento dos meus aspectos positivos e acreditar no meu potencial, estarei também colocando registros positivos em minha mente, os quais ajudarão a valorizar a autoimagem e a robustecer o orador imaginário.

26. Quando a sua confiança como orador não depende da reação do auditório?

Quando me conhecer de maneira adequada; depois que me conscientizar de que falo bem, deixarei de ficar dependente da reação do auditório para avaliar minha comunicação.

27. Que recursos poderão ser aproveitados no trabalho de desenvolver o autoconhecimento?

Posso usar um espelho, um gravador ou uma câmera de vídeo, recorrer à ajuda de um amigo ou fazer um curso de expressão verbal.

28. Quais as vantagens e desvantagens de se usar um espelho?

As vantagens são: permite-me ver a postura, os gestos, o jogo fisionômico, a comunicação dos olhos e tantos outros detalhes da minha expressão verbal.

As desvantagens são: com a preocupação de me observar, perderei bastante a naturalidade e dificilmente conseguirei ficar espontâneo.

29. Quais as vantagens de usar uma câmera de vídeo?

Eu posso me ver exatamente como as outras pessoas me veem. Depois de algumas experiências falando diante desse aparelho, conseguirei um bom nível de naturalidade e aprenderei a me conhecer melhor.

30. Que cuidados devem ser tomados quando você pedir que um amigo o critique?

Seria útil encontrar alguém que:

- possuísse conhecimentos de oratória;
- tivesse habilidade para avaliar corretamente o emprego de técnicas adequadas de comunicação;
- fosse sincero e comentasse sempre as qualidades e os progressos que eu estiver conquistando.

PROPOSTA DE TRABALHO

No aprendizado da expressão verbal é muito importante que os conceitos teóricos sejam imediatamente colocados em prática. Aplique todos os exercícios para que a matéria assimilada se incorpore à sua realidade.

1. Enumere os sintomas físicos que se manifestam quando você:

   a) fica nervoso (em qualquer circunstância);
   b) fica nervoso ao falar em público.

2. Identifique as causas do seu medo de falar em público. Coloque-as em uma escala de valor, começando pelas mais significativas até chegar às de menor importância.

3. Esquematize um plano de atuação para superar esse medo. Trabalhe, nesse sentido, seguindo as orientações dadas no texto.

4. Considere os seguintes pontos quanto a declarar em público que está nervoso:

   a) em que circunstâncias se sentiria à vontade para fazer tal declaração e por quê;
   b) em que circunstâncias não se sentiria à vontade e por quê.

5. Trabalhe em um programa de condicionamento físico para a descontração. Escolha exercícios que melhor se adaptem às suas necessidades.

6. Faça uma lista de fatores de autoestima e relacione aspectos positivos de sua vida. Procure recordá-la todos os dias e vá incluindo sempre novas lembranças agradáveis.

7. Pense nas piores situações que poderiam lhe acontecer enquanto estivesse falando em público. Tente encontrar soluções para elas, não se esquecendo de nenhum detalhe.

8. Analise seu comportamento, sua maneira de falar, suas reações emocionais e a imagem que tem de si mesmo. Concentre-se nos aspectos positivos e em suas potencialidades.

9. Depois de falar em público, relacione, pelo menos, cinco pontos positivos da sua apresentação e, no mínimo, três aspectos em que tenha progredido com relação à última. Se você se apresentou em público recentemente, relacione já os cinco pontos positivos de que se lembrar.

10. Faça apresentações curtas, de no máximo dois minutos cada uma. Grave essas apresentações em vídeo e, ao vê-lo, procure se ater apenas aos aspectos positivos de sua apresentação, relacionando pelo menos cinco deles. Como sugestão para os seus exercícios, conte sobre sua última viagem; conte como foi a melhor viagem que já realizou; conte como foi que escolheu sua profissão; fale do desafio mais importante que superou; fale qual foi o fato mais interessante da sua vida.

QUESTIONÁRIO DE AUTOAVALIAÇÃO

Este questionário serve para que você perceba a sua evolução passo a passo. Responda as questões e deixe para consultar o gabarito que segue apenas quando tiver dado as respostas.

Assinale com um "X" a alternativa correta.

1. O homem sente medo de falar em público:

   a) porque teme o desconhecido, algo que possa prejudicá-lo.
   b) somente quando não conhece o assunto.
   c) somente quando não tem prática de falar.

2. Sentir medo é:

   a) sempre negativo.
   b) sempre positivo.
   c) positivo quando controlado.

3. Você se sente sozinho diante do auditório porque:

   a) ninguém fala com você.
   b) contará apenas com a sua competência e habilidade de comunicação.
   c) o público se retira quando você fala mal.

4. O autoconhecimento ajudará você a:

   a) identificar suas qualidades de comunicação e acreditar no seu potencial.
   b) saber quais são os seus defeitos para ficar mais tranquilo diante do auditório.
   c) manter uma postura superior diante do público.

5. A gravação em vídeo pode ajudar você a:

a) pôr fim a seus defeitos e aprimorar suas qualidades.
b) corrigir seus defeitos físicos.
c) estabelecer as necessidades e expectativas da sua plateia.

Gabarito do questionário

1 — a 2 — c 3 — b 4 — a 5 — a

ANEXO

O uso dos betabloqueadores para combater o medo de falar em público

Há alguns anos surgiram os primeiros comentários a respeito de uma droga que ajudava a combater os efeitos do medo — os betabloqueadores, destinados especialmente a pessoas que ficavam nervosas diante do público, com o objetivo de melhorar o controle das ações físicas e diminuir a ansiedade. Estudos desenvolvidos por Liebowitz e outros pesquisadores em épocas diferentes, nas décadas de 1980 e 1990, concluíram que, controlados os sintomas do nervosismo, como tremores e batidas aceleradas do coração, o desempenho das apresentações ou do comportamento diante do público era melhorado por causa da diminuição da ansiedade.

O fato curioso é que, quando o betabloqueador foi testado em circunstâncias mais informais, como nos contatos interpessoais, o comportamento das pessoas não sofreu alteração. A conclusão a que se chega é que os betabloqueadores são eficazes nas situações em que as pessoas são tomadas pelo medo e ficam nervosas.

Em minhas aulas os alunos me perguntam com frequência se o nervosismo que sentem por causa do medo de falar em público poderia ser amenizado com o uso de betabloqueadores. Como se trata de um assunto médico e que, portanto, foge do meu campo de estudo, resolvi entrevistar uma pessoa especializada, com conhecimentos científicos sobre o tema. Minha entrevistada é uma profissional muito competente, que tem estudado a droga e convivido há anos com a aplicação terapêutica dos betabloqueadores, a Dra. Mellysande Pontes Faccin[9], a quem repassei as perguntas que me foram formuladas ao longo dos últimos anos.

Com base nestes esclarecimentos abalizados da Dra. Mellysande, você terá condições de entender melhor a função dos betabloqueadores e de saber como agir com relação a essa droga quando precisar se apresentar com mais controle para falar em público.

Dra. Mellysande, o que são e como funcionam os betabloqueadores? Quando surgiram?

Inicialmente deveríamos entender qual a função dos betabloqueadores.

Uma das funções do sistema nervoso é manter a respiração, os batimentos cardíacos, a pressão arterial, a circulação do sangue normais, ou seja, tudo aquilo que nós não precisamos comandar para acontecer, e que são funções básicas do organismo. A esse componente do sistema nervoso damos o nome de AUTÔNOMO. É desse sistema que a adrenalina faz parte. O assim chamado "hormônio do estresse" é liberado em resposta a situações conhecidas como "luta ou fuga". Veja: se há a necessidade de enfrentar um desafio, que durante a evolução deveria ser uma luta corporal (ou fuga...), é necessário que o coração bata mais rápido, que a pressão aumente, que a circulação para as pernas seja maior — caso se deseje fugir —, que a pupila dilate para aumentar o campo de visão, que as vias pulmonares estejam bem abertas para melhorar a oxigenação, e assim por diante. Ótimo quando se trata de um homem das cavernas. Mas e no mundo moderno? Como tudo que é exacerbado, a liberação da adrenalina em excesso

[9] Mellysande Pontes Faccin é formada pela Faculdade de Medicina da USP, especializada em Clínica Médica, Infectologia e UTI. Doutora pela Unifesp – Escola Paulista de Medicina, é também professora universitária.

compromete a saúde — promove hipertensão arterial, arritmias — e, um pouco menos pior, compromete nossas apresentações...

Os betabloqueadores são drogas que diminuem a ação da adrenalina no organismo. Logo, diminuem o batimento cardíaco, a sensação de pânico, a pressão arterial, os tremores nas mãos, só para citar alguns dos seus efeitos.

Esse grupo de drogas surgiu na década de 1970. Seu protótipo, o propranolol, revolucionou a farmacologia na época, a ponto de o seu descobridor, James Black, ganhar o prêmio Nobel.

Para que são utilizados normalmente?

O betabloqueador é utilizado na medicina como anti-hipertensivo, antiarrítmico, para tratamento de insuficiência cardíaca, cefaleias e em alguns casos de síndrome do pânico. É uma droga fundamental no tratamento do infarto do miocárdio.

Uma pessoa que tenha medo de falar em público poderá utilizá-los?

Sim, suas ações bloqueadoras são interessantes até para quem precisa fazer uma apresentação em público e tem uma liberação da adrenalina muito acentuada. Mas, como nenhuma droga é isenta de efeitos colaterais, o propranolol mal utilizado pode levar a risco de morte. Se a pessoa tem algum tipo de fobia, merece ser bem tratada e, na maioria das vezes, nem é com betabloqueador.

Quem tiver interesse em fazer uso dos betabloqueadores deverá recorrer a quem?

O tratamento dessas situações de fobia social é feito por um médico, em geral o psiquiatra. Vale muito a pena: tanto pela potencial chance de cura ou de entendimento da doença, como porque essa manifestação do medo pode ser só um sintoma de outros desajustes no cotidiano.

Há contraindicações? Quais os perigos da automedicação? Alguém que se apresente em público todos os dias poderá fazer uso dos betabloqueadores diariamente?

A utilização de betabloqueadores exige que o profissional que for indicá-lo tenha domínio de seus efeitos farmacológicos, das drogas que podem interagir com seu uso — não deve, por exemplo, ser utilizado junto com quinidina, rifampicina, teofilina, varfarina, nifedipina, só para citar alguns —, do histórico do paciente, pois é contraindicado para pessoas com asma, bronquite, bloqueios cardíacos, problemas circulatórios e, ainda, deve ser utilizado com cuidado em diabéticos. É uma droga que não deve, de maneira alguma, ser tomada sem receita médica, não importa qual o motivo de sua utilização.

Pelo que a Sra. está dizendo, ninguém deveria se automedicar com betabloqueadores...

Volto a frisar: o risco da automedicação, neste caso, é grande. Somente um médico poderia, perante os antecedentes do paciente e seu exame físico, receitar um betabloqueador com critério e segurança. Os pacientes que utilizam propranolol para hipertensão, por exemplo, tomam a droga por vários anos seguidos. Mas, caso seja tomada todos os dias, não deve ser suspensa abruptamente.

As pessoas podem ficar viciadas com os betabloqueadores?

Não, a droga não gera dependência, nem psíquica nem física. O organismo também não desenvolve tolerância à medicação. O que pode acontecer é que a pessoa tome o propranolol antes de uma apresentação, tenha um desempenho brilhante e ache que foi pela utilização da droga. Bem, tanto a dose como o tempo necessários para esse efeito não condizem com os rotineiramente utilizados quando se trata de automedicação. Pode acontecer até um efeito placebo, ou seja, haver uma ação positiva simplesmente por se acreditar que se está tomando uma medicação eficaz. O meu recado final é: não use o propranolol como "muleta". Existem outras mais efetivas — o pointer, por exemplo, um espectador — e menos danosas ao organismo. Afinal, o seu maior patrimônio é, sem dúvida, a sua vida.

Com base nas orientações da Dra. Mellysande, fica claro que os betabloqueadores só deverão ser receitados por profissionais especializados, pois os perigos da automedicação podem até comprometer a vida. Mesmo sendo recomendados por diversos especialistas, ainda não há confirmação científica de que os betabloqueadores sejam sempre eficazes no combate aos sintomas do medo de falar em público. A pesquisadora alerta também para o fato de que, de maneira geral, as pessoas que fazem uso da droga, provavelmente para proteger a própria imagem, são resistentes em revelar essa informação, o que dificulta a introdução de dados em pesquisas conclusivas. É interessante observar ainda que, embora não exista o risco de alguém ficar viciado na droga, ela poderá atuar como uma espécie de "muleta" psicológica, ou seja, pode ocorrer de a pessoa julgar que se apresentou bem diante do público só porque usou a droga, quando, na verdade, o medicamento pode não ter tido nenhuma influência no resultado.

A conclusão é que essa discussão sobre os betabloqueadores deve ter servido para você se convencer de que não existe mágica para superar o medo de falar em público e que terá de enfrentá-lo com base nos conceitos que foram vistos até aqui. Aplicando as orientações de cada um dos capítulos deste livro, você descobrirá como vencer o medo de falar em público sem apoios artificiais e se sentirá gratificado com sua conquista.

BIBLIOGRAFIA

ACADEMIA BRASILEIRA DE LETRAS. *Discursos acadêmicos.* Rio de Janeiro: Civilização Brasileira, 1934.

AMET, Émile. *Arte de falar em público.* Lisboa: Ailland, Alves Bastos Editores, [ca. 1910]. 164 p.

______. *Comment on apprend à parler en public.* Paris: Jouve & Cia., 1926. 670 p.

ANDERSON, James B. *Falar para grupos.* Lisboa: Edições Cetop, 1991. 276 p. Tradução de *Speaking to groups*, 1989.

AREZIO, Luigi. *L'arte della parola.* Firenze: G. C. Sansoni, 1915. 188 p.

ARISTÓTELES. *Arte retórica e arte poética.* Tradução de Antônio Pinto de Carvalho. Rio de Janeiro: Tecnoprint, [s.d.]. 350 p. Tradução de *Art rhétorique et art poétique.*

ATKINSON, William Walker. *L'arte di esprimersi e I principi del discorso.* Tradução de Elena Zonotti. Milano: Fratelli Bocca Editori, 1945. 160 p.

AZEVEDO, Francisco Ferreira dos Santos. *Dicionário analógico da língua portuguesa*: ideias afins. Brasília: Coordenada/ Thesaurus, 1983.

BARBOSA, Ruy. *Discursos no Instituto dos Advogados do Brasil.* Porto Alegre: Sergio Fabris Editor, 1985. 80 p.

BELLENGER, Lionel. *A persuasão.* Tradução de Waltensir Dutra. Rio de Janeiro: Zahar, 1987. 104 p. Tradução de *La persuasión.*

BLOCH, Pedro. *Você quer falar melhor?* 6. ed. Rio de Janeiro: Bloch, 1974. 160 p.

BOWER, Sharon. *Painless public speaking*. 3. ed. Glasgow: William Collins Sons & Co. Ltd., 1990. 227 p.

BROWN, Charles T. *Introdução à eloquência*. 2. ed. Tradução de Maria Luisa Bitencourt. São Paulo: Fundo de Cultura, 1967. 2 v. Tradução de *Introduction to speech*, 1955.

BROWN, Lillian. *Your public best*: the complete guide to making successful public appearances in the meeting room, on the platform, and on TV. New York: Newmarket Press, 1989. 223 p.

BUENO, Silveira. *A arte de falar em público*. São Paulo: Revista dos Tribunais, 1933. 222 p. [Até 1988 foram publicadas dez edições por editoras diferentes.]

______. *Manual de califasia, califonia, calirritmia e arte de dizer*. 3. ed. São Paulo: Saraiva, 1948. 232 p.

CARVALHO, Francisco Freire de. *Lições elementares de eloquência nacional*. Rio de Janeiro: Em Casa D'Eduardo Laemmert, typographia nacional, 1834. 290 p.

CASTELAR, Emilio. *Discursos parlamentares na Assembleia Constituinte/Discursos parlamentarios en la Asamblea Constituyente*. 2 v. Madrid: A. De San Martin Y Saenz de Jubera, Hermanos Editores, 1980. Tomo I, 422 p. Tomo II, 364 p.

CASTLE, Dennis; WADE, John. *Falar em público*. Tradução de Maria Adelaide Namorado Freire. Lisboa: Editorial Presença, 1990. 136 p. Tradução de *Public speaking*, 1980.

CICÉRON. *Brutus et la perfectión oratoire*. Tradução de François Richard. Paris: Librairie Garnier Frères, 1934. 298 p.

COHEN, Jean et alii. *Pesquisas de retórica*. Tradução de Leda Pinto Mafra Iruzun. Petrópolis: Vozes, 1975. 236 p. Tradução de *Recherches rhétoriques*.

COOK, Jeff Scott. *The elements of speechwriting and public speaking*. New York: Collier Books — MacMillan Publishing Company, 1989. 242 p.

CORDEIRO, F. B. *Arte de fallar e de escrever ou tractado de rhetórica geral*. Pernambuco: Tip. Imparcial, 1848. 480 p.

CORRÊA, Nereu. *A palavra.* São Paulo: Laudes, 1972. 148 p.

CORTRIGHT, Rupert L.; HINDS, George L. *Técnicas construtivas de argumentação e debate.* Tradução de L. C. S. Ph. São Paulo: Ibrasa, 1963. 394 p. Tradução de *Creative discussion*, 1959.

D'ARCY, Jan. *Technically speaking*: proven ways to make your next presentation a success. New York: American Management Association, 1992. 252 p.

EHRLICH, Henry. *Writing effective speeches.* New York: Paragon House, 1992. 214 p.

FERRI, Henrique. *Discursos de defesa (defesas penais).* Tradução de Fernando de Miranda. 6ª reimpressão. Coimbra: Armênio Amado, Editor, Sucessor, [s.d.].

FIGUEIREDO, A. Cardoso Borges de. *Instituições elementares de rhetórica.* 7. ed. Coimbra: Livraria de J. Augusto Orcel, 1870. 196 p.

FOSCOLO, Ugo. *Lezioni di eloquenza.* Milano: Società Editrice Sonzogno, 1897. 344 p.

GABAY, Michèle (Dir.). *Guide d'expression orale.* Paris: References Larousse, 1986. 404 p.

GARÇON, Maître Maurice. *Eloquência judiciária.* Tradução de Zilda Felgueiras. Rio de Janeiro: Editora da Casa dos Estudantes, [ca. 1950]. 232 p. Tradução de *Essai sur l'éloquence judiciaire.*

GIDDENS, Anthony. *Modernidade e identidade.* Rio de Janeiro: Jorge Zahar Editor, 2002.

GRISHAM, John. *Nas arquibancadas.* Tradução de Aulyde Soares Rodrigues. Rio de Janeiro: Rocco, 2004.

GRONBECK, Bruce E.; EHNINGER, Douglas; MONROE, Alan Houston. *Principles of speech communication.* 10. ed. Glenview: Scott, Foresman and Company, 1986. 397 p.

GUESDON, Abbé. *Cours d'éloquence sacrée.* La Chapelle Montligeon: Imp. de Montligeon, 1905. 256 p.

HOLTZ, Herman. *The executive's guide to winning presentations.* New York: John Wiley & Sons, Inc., 1991. 211 p.

JAGOT, Paul C.; NOGUIN, J. G. *La educación de la palabra* — El arte de hablar bien y con persuasión. Buenos Aires: Joaquim Gil, 1949. 638 p.

JAKOBSON, Roman. *Linguística e comunicação.* São Paulo: Ática, 1995. 164 p.

JAY, Antony. *Apresentação eficiente.* Tradução de Maria Cecília Baeta Neves. Rio de Janeiro: Fundação Getúlio Vargas, 1973. 166 p.

KARLINS, Marvin; ABELSON, Herbert D. *Persuasão.* Tradução de Lêda Maria Maia. Rio de Janeiro: Civilização Brasileira, 1971. 222 p. Tradução de *Persuasion — how opinions and attitudes are changed*, 1970.

L'ABBÉ, Henry. *Histoire de l'éloquence.* 2. ed. Paris: Chez Jacques Lecoffre, 1850. 2 v.

LEBEL, Pierre. *La strategie de l'intervention orale.* Paris: Éditions Retz, 1990. 160 p.

LEEDS, Dorothy. *Power speak.* New York: Berkey Books, 1989. 294 p.

MAJORANA, Angelo. *A arte de falar em público.* Tradução de Fernando de Miranda. São Paulo: Saraiva, 1945. 2 v.

MALDONADO, Maria Tereza; GARNER, Alan. *A arte da conversa e do convívio.* São Paulo: Saraiva, 1999. 160 p.

MILLER, George A. (Org.) *Linguagem, psicologia e comunicação.* Tradução de Alvaro Cabral. São Paulo: Cultrix, 1976. 312 p. Tradução de *Psychology and communication.*

MIRA Y LÓPEZ, Emílio. *Quatro gigantes da alma.* Tradução de Cláudio de Araújo Lima. 12. ed. Rio de Janeiro: José Olympio, 1982.

MONEGAL Y NOGUÉS, Esteban. *Compendio de oratoria sagrada.* 4. ed. Barcelona: Imprenta de Eugenio Suborana, 1923. 340 p.

NAPOLITANO, Giovanni. *Intuizioni sul'eloquenza.* Napoli: Libreria Della Diana, 1930. 170 p.

OLIVEIRA, Marques. *Como vencer falando.* Rio de Janeiro: Tecnoprint, 1979. 288 p.

PACOUT, Nathalie. *Parler en public.* Paris: Marabout, 1988. 192 p.

PELTANT, S. et alii. *Savoir s'exprimer.* Paris: Éditions Retz, 1989. 486 p.

PLEBE, Armando. *Breve história da retórica antiga.* Tradução de Gilda Naécia Maciel de Barros. São Paulo: Edusp, 1978. 98 p. Tradução de *Breve storia della retorica antica.*

POLITO, Reinaldo. *A influência da emoção do orador no processo de conquista dos ouvintes.* 3. ed. São Paulo: Saraiva, 2001. 160 p.

______. *Como falar corretamente e sem inibições.* 112. ed. São Paulo: Saraiva, 2016. 232 p.

______. *Como falar de improviso e outras técnicas de apresentação.* 13. ed. São Paulo: Saraiva, 2018. 136 p.

______. *Como se tornar um bom orador e se relacionar bem com a imprensa.* 7. ed. São Paulo: Saraiva, 2001. 160 p.

______. *Fale muito melhor.* 5. ed. São Paulo: Saraiva, 2003. 208 p.

______. *Gestos e postura para falar melhor.* 23. ed. São Paulo: Saraiva, 2002. 200 p.

______. *Recursos audiovisuais nas apresentações de sucesso.* 5. ed. São Paulo: Saraiva, 2003. 140 p.

______. *Seja um ótimo orador.* 9. ed. rev., atual. e ampl. São Paulo: Saraiva, 2005.

______. *Superdicas para falar bem.* São Paulo: Saraiva, 2005.

______. *Técnicas e segredos para falar bem.* São Paulo: IOB, 1993. 5 módulos.

______. *Um jeito bom de falar bem.* 10. ed. São Paulo: Saraiva, 2001. 215 p.

______. *Cómo hablar bien en público.* Tradução de María de los Hitos Hurtado. Madrid: EDAF, 2004. 248 p.

PONCER, Jean. *Savoir se présenter.* Paris: Éditions Retz, 1989. 128 p.

PÔRTO SOBRINHO, Antonio Faustino. *Antologia da eloquência universal.* São Paulo: Tecnoprint, [s.d.].

QUINTILIANO, M. Fábio. *Instituições oratórias.* Tradução de Jerônimo Soares Barbosa. São Paulo: Cultura, 1944. 2 v.

______. *Institution oratoire.* Tradução de Henri Bornecque. Paris: Librairie Garnier Frères, 1933-1934. 4 v.

RAMOS, Admir. *Moderno curso de oratória.* São Paulo: [ca. 1970]. 188 p.

REICH, Wilhelm. *Análise do caráter.* São Paulo: Martins Fontes, 1988.

REVISTA VENCER. São Paulo: Editora Vencer, números 1 a 65, de 1999 a 2005.

RHETÓRICA e poética. Rio de Janeiro: Livraria de J. G. de Azevedo, 1885. 44 p.

ROUSTAN, M. *L'éloquence.* 3. ed. Paris: Librairie Paul Delaplane, [ca. 1900]. 112 p.

SAINT-LAURENT, Raymond. *L'art de parler en public.* Avignon: Edouard Aubanel Editeur, 1948. 224 p.

SAINT-PAUL, G. *L'art de parler en public.* Paris: Octave Doin et Fils, 1912. 434 p.

SANTOS, Mario Ferreira dos. *Curso de oratória e retórica.* 8. ed. São Paulo: Logos, 1960. 230 p.

SARAIVA, Antonio J. *O discurso engenhoso.* São Paulo: Perspectiva, 1980. 152 p.

SENGER, Jules. *A arte oratória.* Tradução de Carlos Ortiz. 2. ed. São Paulo: Difusão Europeia do Livro, 1960. 136 p. Tradução de *L'art oratoire.*

SIMMONS, Harry. *Falar em público.* Tradução de Siene Maria Campos. Rio de Janeiro: Record, 1988. 272 p. Tradução de *Executive public speaking techniques.*

SNYDER, Elayne. *Persuasive business speaking.* New York: Amacon — American Management Association, 1990. 243 p.

SODRÉ, Hélio. *História universal da eloquência.* 3. ed. Rio de Janeiro: Forense, 1967. 900 p. 3 v.

STUART, Cristina. *How to be an effective speaker.* Lincolnwood: NTC Business Books, 1989. 238 p.

THEODORO, Marlene. *A era do EU S/A* — em busca da imagem profissional de sucesso. São Paulo: Saraiva, 2004.

TIMON. *Livre des orateurs.* 15. ed. Paris: Pagnerre, 1847. 2 v.

TOULEMON, André. *La parole moderne.* Paris: Librairie Rousseau, 1958. 260 p.

TRINGALI, Dante. *Introdução à retórica.* São Paulo: Duas Cidades, 1988. 248 p.

VALENTI, Jack. *A fácil arte de falar em público.* Tradução de Neide Camera Loureiro. Rio de Janeiro: Record, [ca. 1984]. 152 p. Tradução de *Speak up with confidence.*

VALLEJO-NÁGERA, Juan Antonio. *Aprender a hablar en público hoy.* 10. ed. Barcelona: Editorial Planeta, 1990. 158 p.

VASILE, Albert J.; MINTZ, Harold K. *Speak with confidence*: a practical guide. 5. ed. New York: Harper Collins Publishers, 1989. 383 p.

VERCESI, Ernesto; SANTINI, Emilio. *L'eloquenza sacra in Italia e l'eloquenza politica accademica e forense*. Milão: Casa Editrice Dottor Francesco Villardi, 1938. 354 p.

VIANA, Mario Gonçalves. *Arte de falar em público*. Porto: Editorial Domingos Barreira, [ca. 1950]. 396 p.

______. *Técnica oratória*. Porto: Editorial Domingos Barreira, [ca. 1950]. 496 p.

VIEIRA, Pe. Antônio. *Obras completas do Padre Vieira*. Porto: Lelo & Irmão Editores, 1951. 15 v.

WESTLAND, Peter. *Aprenda sozinho a falar em público*. Tradução de Izidoro Macedo. São Paulo: Pioneira, 1961. 168 p. Tradução de *Teach yourself public speaking*.

DEPOIMENTOS SOBRE O RESULTADO DO TRABALHO DO PROF. REINALDO POLITO

"O curso do Professor Reinaldo Polito ajuda a preencher uma lacuna na educação brasileira."

Almir Pazzianotto

"O teatro ganharia muito se pudesse contar com um trabalho de orientação competente como esse que o Professor Reinaldo Polito desenvolve na Expressão Verbal, preparando empresários e executivos."

Bibi Ferreira

"Este curso ensinou a todos nós a grande verdade, a grande beleza, a grande luz da comunicação verbal, que tem sido a base de toda a minha vida."

Blota Júnior

"Reinaldo Polito vive aquilo em que acredita. É uma pessoa especial em seus livros, em suas palestras e em seu relacionamento com amigos. Coisa de vencedores."

César Romão

"Reinaldo Polito es uno de los más prestigiosos expertos en comunicación oral del mundo."

Editorial EDAF — Espanha

"Vendo o resultado do trabalho do Professor Reinaldo Polito, eu começo a acreditar que é possível melhorar o nosso país."

Fernando Lyra

"O Professor Polito é quem mais entende de como ajudar as pessoas a conhecer seus dotes de oratória e a utilizar, sem medo, todo o potencial que lhes seja próprio."

Flávio Gikovate

"Cumprimento Reinaldo Polito pela maravilha que faz com seus alunos."

Glorinha Beuttenmüler

"Reinaldo Polito, sinta-se orgulhoso do seu trabalho, porque a sua obra fala por si mesma."

Guilherme Afif Domingos

"O curso do Prof. Reinaldo Polito, além de ensinar técnicas de comunicação aos seus alunos, foi uma lição de vida."

Irene Ravache

"Fiquei comovido ao ver os alunos do Professor Reinaldo Polito apresentar as suas ideias, demonstrando que vieram para este treinamento, aprenderam e saem vencedores."

Ives Gandra da Silva Martins

"A desenvoltura demonstrada pelos alunos formados pelo Professor Reinaldo Polito emocionou-me e comoveu-me. Todos estão aptos a enfrentar qualquer tipo de auditório, até os mais hostis."

Jânio Quadros

"Leiam a sua obra com atenção e cheguem à mesma conclusão que eu. O Polito é realmente o melhor!"

João Mellão Neto

"Este curso do Prof. Reinaldo Polito abre uma perspectiva nova de vida, a perspectiva da comunicação e a de vencer a inibição no dia a dia."

Luiz Antônio Fleury Filho

"Aprovo vivamente os métodos e o estilo do Prof. Polito. Creio que, através de seus cursos, ou de seus livros, a pessoa consegue dominar aquilo que é indispensável para o orador: a postura, a vitória sobre o medo, a preparação, os gestos, a voz, a relação interativa com o auditório."

Márcio Thomaz Bastos

"Reinaldo Polito conquistou sucesso e reconhecimento pelo seu trabalho. Hoje ele é a referência no ensino da comunicação verbal em todo o país."

Max Gehringer

"Já ministrei cursos de comunicação verbal em todos os estados do Brasil e como professor por mais de 50 anos tenho autoridade para falar: Reinaldo Polito, hoje, é o principal professor de oratória do país."

Oswaldo Melantonio

"Homem simples, Reinaldo Polito transmite com segurança e seriedade seus conhecimentos. E melhora a vida de muita gente. Sei de várias pessoas que obtiveram significativo progresso graças às hábeis mãos de Polito. Recentemente, uma turma de jornalistas, alguns dos quais meus amigos, pôs-se a frequentar as orientações de Polito. Que dizem eles? Falam muito bem do trabalho de Polito e confessam-se surpresos com o resultado."

Pasquale Cipro Neto

"Espero um dia ser convidado pelo
Prof. Reinaldo Polito para ser seu aluno,
mas só com a metade do que ouvi de
um de seus professores já aprendi muito."

Romeu Tuma

"Os alunos jamais se esquecerão do Prof.
Reinaldo Polito. Ele foi o grande mestre que
orientou a todos no caminho da comunicação."

Silveira Bueno

"Ao longo dos anos Reinaldo Polito tornou-se muito
mais do que um bem-sucedido profissional
da fala. Mercê da refinada e cuidadosa metodologia,
desenvolvida ao longo de décadas de pesquisa
e experimento empírico, tornou-se um verdadeiro ícone
da especialidade em que atua. De longe,
ele é o principal nome no terreno da comunicação
e da expressão em público."

Tupã Gomes Corrêa

"Não imaginava um trabalho tão magnífico como
este, um trabalho de libertação, que permite
a valorização do ser humano."

Waldir Troncoso Peres

REINALDO POLITO

Mestre em Ciências da Comunicação. Pós-graduado com especialização em Comunicação Social e em Administração Financeira. Há mais de 40 anos, desenvolve atividades como professor de oratória, palestrante e escritor.

Atua como professor de Competência Verbo-Gestual no Trabalho da Imagem Pública e Oratória nos cursos de pós-graduação em Gestão Corporativa, Marketing Político e Relações Públicas na ECA-USP.

Membro do Conselho de Professores do IBMEC.

Colunista na área de comunicação, comportamento e carreira no UOL.

Presidente da Academia Paulista de Educação.

Membro titular fundador da Academia Araraquarense de Letras.

Presidente da ONG Via de Acesso.

Dos 31 livros que publicou, seis entraram para as listas dos mais vendidos do país, entre eles *Como falar corretamente e sem inibições* e *Superdicas para falar bem*, que venderam mais de um milhão de exemplares no Brasil e no mundo.

Coordenador das séries "Superdicas", da Editora Saraiva; "I Superconsigli", da Editora Italianova; e "29 minutos", da Editora Sextante, esta última ao lado de Rachel Polito.

Ministra cursos de oratória em sua própria escola, na Rua Mariano Procópio, 226, Vila Monumento, São Paulo – SP – Brasil – CEP 01548-020.

Tel.: + 55 (11) 2068-7595

www.polito.com.br

contatos@reinaldopolito.com.br

Obras do autor

- *Como falar corretamente e sem inibições* (com áudio) – publicado também na Espanha, na Colômbia, em Portugal e na Rússia.

- *Assim é que se fala – como organizar e transmitir ideias* (com áudio) – publicado também no México.
- *Recursos audiovisuais nas apresentações de sucesso*
- *Como falar de improviso e outras técnicas de apresentação*
- *Vença o medo de falar em público* (com áudio)
- *A influência da emoção do orador no processo de conquista dos ouvintes*
- *Oratória para advogados e estudantes de direito*
- *Superdicas para falar bem em conversas e apresentações* – publicado também na Itália, na Colômbia e na Rússia.
- *Conquistar e influenciar para se dar bem com as pessoas* – publicado também em Portugal e na Itália.
- *As melhores decisões não seguem a maioria*

Livros em coautoria

- *Manual de treinamento e desenvolvimento*, com vários autores.
- *Superdicas para ensinar a aprender*, com vários autores.
- *Pensamento estratégico para líderes de hoje e de amanhã*, com vários autores.
- *Antologia dos acadêmicos e patronos da Academia Araraquarense de Letras*, com vários autores.
- *A escola que queremos*
- *Comunicação organizacional estratégica*, com Marlene Theodoro e outros.

Livros em coautoria com Rachel Polito

- *29 minutos para falar bem em público e conversar com desenvoltura.*

- *Oratória para líderes religiosos*
- *Superdicas para fazer uma redação nota 1000 no ENEM.*

Livros esgotados

- *Como preparar boas palestras e apresentações*
- *Como se tornar um bom orador e se relacionar bem com a imprensa*
- *Como ser bom de papo e se enturmar*
- *Fale muito bem em público*
- *Fale muito melhor*
- *Gestos e postura para falar melhor*
- *Técnicas e segredos para falar bem* (5 volumes)
- *Um jeito bom de falar bem*